Triest.

Deutschland
Oesterreich und Italien.

Erinnerungsblätter

an die

im September 1858 in Triest stattgefundene Konferenz

der

deutschen Eisenbahn-Verwaltungen.

Von

Joseph Lehmann.

Zweiter, vermehrter Abdruck.

Leipzig,

Verlag von Veit & Comp.

1859.

Dem Vicepräsidenten

der k. k. Central-Seebehörde des Küstenlandes,

Herrn Ritter &c. von Gutmannsthal

in Triest,

hochachtungsvoll gewidmet.

Gestatten Sie, hochgeehrter Herr, daß diese Blätter, als ein Zeichen der Dankbarkeit für die echt deutsche Gastfreundschaft, die Sie im Namen und Auftrag der k. k. hohen Staatsregierung den im vorigen Herbst in Triest versammelt gewesenen Mitgliedern des deutschen Eisenbahn-Vereins haben zu Theil werden lassen, Ihnen gewidmet werden.

Enthalten diese Blätter auch nur die persönlichen Ansichten ihres Verfassers, der sich nicht anmaßt, ein Organ des deutschen Eisenbahn-Vereins zu sein, so ist er doch überzeugt, daß bei allen Mitgliedern desselben, die in Triest waren, die Freude, deutsche Männer, wie Sie, hochgeehrter Herr, in dem schönen Küstenlande Oesterreichs kennen gelernt zu haben, in wohlthuender Erinnerung fortleben wird.

Berlin, im Februar 1859.

Der Verfasser.

Deutschland und Oesterreich.

Von allen umfassenden Maßregeln, welche Oesterreich seit seiner Neugestaltung und Verjüngung unter Kaiser Franz Joseph durchgeführt, hat keine seinen organischen Zusammenhang mit dem übrigen Deutschland so gekräftigt und befestigt, als der Bau und die Vollendung des großen Eisenbahn-Netzes, das einerseits den Kaiserstaat mit Nord-Deutschland, mit den Häfen der Nord- und Ost-See, unmittelbar verbindet, und das andererseits diese Monarchie mit ihren reichgesegneten, bisher aber etwas abseits gelegenen Provinzen, sowie mit ihren adriatischen Häfen, mitten in den Weltverkehr versetzt. Von Köln, Leipzig, Bremen und Hamburg, von Lübeck, Stettin, Danzig und Königsberg bis nach Prag, Linz, Pest und Triest durchströmt jetzt dasselbe Blut, dasselbe Handels- und Verkehrs-Interesse, die Arterien des einheitlichen deutschen Eisenbahnsystems. Die chinesische Mauer, die einst eine befangene, kurzsichtige Politik zwischen dem damals sich selbst genügenden Oesterreich und dem nach nationaler Gemeinsamkeit strebenden Deutschland aufgeführt hatte, ist nicht blos gefallen, sondern

Leipzig herausgegebenen „Magazin für die Literatur des Auslandes“*) abgedruckt war, auch in weiteren Kreisen und namentlich in Oesterreich selbst ein Beweis dafür sein, wie sehr jene gehobene Stimmung auf die deutschen Gäste an den Küsten der Adria zurückgewirkt und in ihnen die Ueberzeugung geweckt hat, daß Deutschland und Oesterreich fortan in allem Guten und Großen zusammengehen und, Eines wie das Andere, für die Ehre des gemeinsamen, theuern Vaterlandes einstehen werden.

*) Wir haben in den vorliegenden Blättern mehreremal, wo von der vielsprachigen Literatur des österreichischen Kaiserstaates die Rede ist, auf die trefflichen literarischen Uebersichten des Dr. Constant Wurzbach v. Tannenberg für die Jahre 1853 u. 1854 Bezug genommen. Erst beim Abschlusse dieser Schrift wird uns auch Kenntniß von dem im J. 1857 von demselben Bibliographen im Auftrage des kaiserlichen Ministers des Innern, Freiherrn von Bach, herausgegebenen dritten bibliographisch-statistischen Bericht über die Literatur des österreichischen Kaiserstaates (Wien, k. k. Hof- u. Staatsbuchdruckerei), den Zeitraum vom 1. Jan. bis 31. Dec. 1855 umfassend. Dieser mit 83 statistischen Tabellen ausgestattete Bericht bildet zwei starke Bände nebst einem „Repertorium“ (Letzteres von Alex. Gigl) und liefert in Form einer kritisch referirenden Darstellung eine mit merkwürdiger Genauigkeit abgefaßte Uebersicht der gesammten deutschen, slavischen, magyarischen und italiänischen Literatur Oesterreichs. Ein Jahrbuch, wie das vorliegende besitzt kein andres Land. Es liefert gleichzeitig den Beweis von den großen literarischen Fortschritten des Kaiserstaates und von dem merkwürdigen, bibliographischen Fleiße des Verfassers.

Die deutsch-adriatische Eisenbahn nach Italien.

I.

Die Generalversammlung der deutschen Eisenbahn-Verwaltungen in Triest. — Die Alpen-Straßen nach Italien. — Wien, vom Südbahnhof aus gesehen. — Baden, Vöslau und die Brühl. — Der Semmering mit seinen Tunnels und Viadukten. — Ludw. Aug. Frankl's poetische Semmeringfahrt. — Die Mürz und die Mur. — Steierisches Eisen und Stahl. — Der „Brandhof" des Erzherzogs Johann. — Felsenbauten an der Mur. — Die Hauptstadt der Steiermark. — Grätz und nicht Graz. — Ein deutscher Dichter. — Die deutschen Schöpfungen des Erzherzogs Johann. — Deutsch, Slavisch und Italiänisch in Oesterreich.

Es war sicher ein guter Gedanke, die General-Konferenz der deutschen Eisenbahnverwaltungen, die alljährlich an einem andern Punkte des deutschen Vaterlandes stattfindet, im Jahre 1858 nach Triest zu verlegen, wo sie auch in den Tagen vom 13. bis zum 15. September abgehalten wurde. Das Netz der deutschen Eisenbahnen, das jetzt eine Länge von 1740 Meilen hat, die zusammen 78 verschiedene Bahnen bilden, welche unter der Verwaltung von 61 Direktionen (worunter 19 Staatsbehörden) stehen, war im Laufe des Jahres 1857 bis an die Küste des Adriatischen Meeres vollendet worden. Nichts war daher natürlicher, als der Wunsch, auch diesen End- und Ausgangspunkt deutschen Eisenbahnverkehrs und Seehandels kennen zu lernen, nachdem seit Jahren bereits die Häfen an der Nord- und Ostsee durch Eisenbahnen mit dem Innern des Landes verbunden sind und das ganze Deutschland mit nicht geringen Erwartungen dem Ausbau der deutschen Linien bis an die Adria entgegengesehen hatte.

Was die Piemontesen, was die Schweizer mit großen Anstrengungen und Opfern kaum in dem künftigen Jahrzehnd erreicht haben werden: die Ueberschreitung der Alpen durch eine geschlossene Eisenbahn, deren jenseitige Mündungen die Gestade des Meeres und die transalpinischen Ebenen Italiens berühren — das ist der österreichischen Regierung in dem vergangenen Jahrzehnd gelungen, in welchem sie mit Finanzverlegenheiten aller Art und zugleich mit äußeren und inneren Feinden zu kämpfen hatte.*) Man muß die Energie der Regierung und die groß-

*) Nach Czörnig („Oesterreichs Neugestaltung") wurde seit dem Beginn des Eisenbahn-Baues im Jahre 1825 bis zu Ende des Jahres 1856 für Eisenbahn-Zwecke in Oesterreich die sehr ansehnliche Summe von 371½ Millionen Gulden verwendet. Davon kamen auf die Periode der ersten vierundzwanzig Jahre bis Ende 1848 nur 131¼ Millionen, auf die letzten acht Jahre, 1849—1856 dagegen, 240¼ Millionen Gulden. Die Gesammtlänge der Eisenbahnen, deren Ausführung in Oesterreich im Jahre 1856 bewerkstelligt, oder noch im Plane und von der Regierung bereits genehmigt war, betrug nicht weniger, als 1564½ Meilen, wovon 368 Meilen auf die deutschen, 398½ Meilen auf die slavischen, 117½ Meilen auf die italiänischen und 680½ Meilen auf die ungarischen Kronländer kamen. Allerdings ist während der Handelskrise und der erschütterten Kreditverhältnisse der Jahre 1857 und 1858 manches neue Projekt, be-

artigen Mittel des Landes bewundern, die dies möglich gemacht; aber man muß an Ort und Stelle gewesen sein, und die Riesenbauten über den Semmering und über die Steierschen, sowie über die Julischen Alpen und die Kalkfelsen des wasserlosen Karst gesehen haben, um von einem tiefen, nachhaltigen Staunen erfüllt zu werden und sich stolz zu sagen: hier ist deutscher Geist, dies haben deutsche Intelligenz und deutscher Ordnungssinn möglich gemacht!

Wir waren zusammen einhundertfünfundvierzig Abgeordnete der Eisenbahnen aller Zonen Deutschlands, — auch aus solchen Gegenden, die sonst wohl der Lust, sich selbst für etwas ganz Besonderes zu halten, und der Unlust, auch Anderen einige Anerkennung zu gewähren, mit Recht geziehen werden — aber Keiner von Allen, welche die von dem kaiserlich österreichischen Ministerium für Handel, Gewerbe und öffentliche Bauten veranstaltete, zweitägige Extrafahrt von Wien nach Grätz und von Grätz nach Triest mitgemacht, hat diesen kühnen, wunderbaren Bauten über die Alpen sein volles, uneingeschränktes Bravo! versagen können. Rheinländer wie Berliner, Bayern wie Hannoveraner, Schwaben wie Hanseaten haben sich selbst und einander gegenseitig gestehen müssen, daß bei ihnen zuhause nicht einmal annähernd dem etwas zu vergleichen wäre, und daß es fortan für jeden Deutschen, der in seinem Vaterlande das Schönste und Großartigste kennen und gesehen haben will, eine unerläßliche

---

sonders von Eisenbahnen in Ungarn und seinen Nebenländern, wieder aufgegeben worden und in den Hintergrund getreten; an den meisten der im Jahre 1856 projektirten Linien wird jedoch rüstig fortgearbeitet. Schon jetzt dürfte die Meilenzahl der im Betrieb befindlichen österreichischen Eisenbahnen mehr als den dritten Theil der Gesammtlänge aller zum deutschen Eisenbahn-Verein gehörenden Linien betragen.

Pflicht sei, die Reise auf der Eisenbahn von Wien nach Triest zu machen.*)

Die Wien-Triester Linie bildet für jetzt auch in Verbindung mit den nach Wien führenden Eisenbahnen und mit den im Hafen von Triest bereit liegenden Dampfern des Oesterreichischen Lloyd die einzige, jede Beförderung durch Pferde überflüssig machende, bequeme und rasche Verbindung zwischen dem europäischen Norden und der apenninischen Halbinsel. Sobald erst die Strecke der Eisenbahn zwischen Nabrésina (zwei Meilen vor Triest) und dem nahen Udine vollendet ist, wird es auch nicht einmal mehr der kurzen Fahrt über das Adriatische Meer bedürfen, um auf ununterbrochenen Schienen von Wien nach Italien zu gelangen. Und selbst den Fall angenommen, daß es den Schweizern und Piemontesen gelingt, in den nächsten zehn Jahren den Lukmanier und die Lepontischen Alpen durch ähnliche Viadukte und Tunnels, wie die Oesterreicher den Semmering und die Steierischen Alpen, zu überwinden, wird doch die Straße über Wien und Triest für uns Deutsche der durch die geradeste Richtung und die anziehendste Seite für den Eintritt in Italien sich empfehlende Weg bleiben. Es kann sich freilich, außer der projektirten Linie über den Lukmanier, auch noch ein dritter Alpenpaß, und zwar in direkter Verbindung mit Mitteldeutschland, zu einer Eisenbahn nach Italien gestalten. Bisher bildete nämlich die

*) Wer diese Absicht hat, dem empfehlen wir, als belehrenden Reisebegleiter, wie er es uns gewesen und auch bei der Zusammenstellung der gegenwärtigen Notizen gute Dienste geleistet, das mit 13 Stahlstichen, 22 Holzschnitten und einer Karte der österr. Südbahn ausgestattete Reisehandbuch: „Von Wien nach Triest, herausgegeben vom Oesterreichischen Lloyd.“ Triest, Literarisch-artistische Abtheilung des Oesterreichischen Lloyd, 1858.

Straße von München über Innsbruck, Botzen und Trient nach Verona eine Konkurrenz- und Parallellinie zu der von Wien durch das Murthal über Grätz und Triest nach Venedig. Zwischen diesen beiden großen, die Alpen von Norden nach Süden durchschneidenden Straßenzügen giebt es keinen dritten, der ihnen an Wichtigkeit gleichkäme, und man sollte glauben, daß, vermöge dieser Wichtigkeit, auch jener zweite Straßenzug zu einer Eisenbahn geeignet und bestimmt sei. Aber abgesehen von den vielleicht unüberwindlichen Schwierigkeiten eines solchen Baues über den Brenner durch die Tiroler und Trientiner Alpen, bietet auch auf dieser Seite der Eintritt in Italien keine solche Lockung, wie das alte, zauberische Venedig, dar, das uns überdies Gelegenheit giebt, auf einer der reizendsten Eisenbahnen der Welt in wenigen Stunden nach Verona und dem Garda-See, nach Mailand und dem Lago di Como zu kommen.

Wir deutsche Eisenbahn-Directoren haben uns auch die Gelegenheit nicht nehmen lassen, von Triest nach Venedig zu gehen, wohin, nachdem wir unsere Eisenbahn-Konferenzen in Triest beendigt hatten, die Gesellschaft des Oesterreichischen Lloyd auf einem ihrer, mit allen Bequemlichkeiten ausgestatteten, durch musterhafte Ordnung und Pünktlichkeit dem Reisenden Vertrauen und große Sicherheit gebenden Dampfschiffe, und zwar über den neuen österreichischen Kriegshafen Pola, den südlichsten Punkt Istriens, uns und unseren Damen gastliche, freie Fahrt gewährte.*) Doch ich mag hier nicht

*) Von der Sicherheit der Leitung der Lloyd-Dampfschiffe liefert den schlagendsten Beweis der Umstand, daß dieselben seit einundzwanzig Jahren, in deren Verlauf sie neun Millionen Seemeilen zurückgelegt und dreiundeine halbe Million Reisende befördert, nicht ein einziges Menschenleben durch Unfälle auf dem Meere verloren haben.

vorgreifen, sondern will zunächst über die nach Italien führende deutsche Eisenbahn selbst berichten.

Es ist bekannt, daß die erste Meile auf der alten „Wien-Gloggnitzer" Bahn, die Wurzel des Baumes, dessen Wipfel bis zur Spitze des Semmering reicht, den malerischsten Blick auf eine große Stadt gewährt, den man von irgend einer Eisenbahn hat. Nachdem man das links von der Bahn im angelsächsischen Styl erbaute, mächtige, eine ganze Waffen- und Armaturen-Stadt umfassende, seit dem Jahre 1855 vollendete Arsenal verlassen hat,*) sieht man rechts von der Bahn, und zwar unterhalb, wie auf einem Präsentirteller ausgebreitet, Wien mit allen seinen Vorstädten und den daran stoßenden Orten Hietzing, Schönbrunn und Meidling, in der ganzen Ausdehnung von Norden nach Süden, vor sich liegen. Man fährt auf der Eisenbahn zehn Minuten lang an diesem Bilde vorüber, dessen Mittelpunkt der St. Stephans-Dom mit seinem schlanken, hohen Thurme, während den Hintergrund das malerische Mittelgebirge bildet, an dessen Fuße die österreichische Hauptstadt liegt. Es ist, als ob man eines der großen Cykloramen, nach Art der amerikanischen, vor sich hätte, doch mit dem Unterschiede, daß hier das Bild nicht vor uns, sondern unser Schauplatz vor dem Bilde vorüberrollt. Ein ähnliches Gefühl werden wir heute auch auf der Semmeringfahrt haben, denn hier sind die Windungen der Viadukte und die Durchblicke der Bergwände zwischen einem Tunnel und dem andern der Art, als wären sie ausdrücklich angelegt, um die gegenüber,

*) In den Zeughaus-Werkstätten und dem Gießhause sind nicht weniger als neun Dampfmaschinen, mit der Gesammtkraft von 122 Pferden, und zweitausend Menschen in Thätigkeit, um Alles, was die Armee bedarf, unter Benutzung aller Vortheile, die eine große Fabrik gewährt, herzustellen.

vor, über und unter uns befindliche Landschaft mit ihrer mächtigen Staffage, wozu der vor und hinter uns liegende Theil der Eisenbahn selbst gehört, cykloramatisch an uns vorüber zu führen.

„Die Brühl," jene Wiener Schweiz, ein an Naturschönheiten reiches Kalksteinfelsen-Thal, mit der Burgruine Liechtenstein und den großartigen Parkanlagen des Fürsten, bildet nebst den anmuthigen Kurorten Baden und Vöslau die Fortsetzung des Panorama's der Hauptstadt. Die von Wien aus vielbesuchten Vergnügungsorte an dieser Linie, deren zwölf Anhaltepunkte zwischen Wien und Vöslau durchschnittlich nur $1/3$ Meile von einander entfernt sind, haben der Eisenbahn die glänzendsten Einnahmen bisher zugeführt. Ja, letztere allein haben so viel betragen, als alle übrigen Einnahmen der Bahn, trotz ihrer allmählichen Verlängerung um das Zehn- und Funfzehnfache jener vier Meilen langen Strecke. Seitdem jedoch Triest der Endpunkt geworden, fängt endlich der durch Handel und Verkehr gewonnene Ertrag an, denjenigen zu überwiegen, den die Vergnügungslust der Hauptstadt und ihrer zahlreichen Fremden dem Eisenbahnbetrieb dieser Linie abgeworfen hat.

Ueber Wiener-Neustadt gelangen wir nach der zehn Meilen von Wien entfernten Station Gloggnitz; aber schon lange vorher verkündigen uns die nach allen Seiten hin weit sichtbaren Zinnen der Burg Wartenstein, die hoch im Gebirge liegt, daß wir dem Fuße des Semmering uns nähern. Der Semmering selbst ist keinesweges die höchste Spitze des imposanten Gebirges, das sich jetzt unseren Blicken darbietet. Er ist vielmehr kaum halb so hoch, als der hinter ihm sich erhebende „Schneeberg," und scheint seine größere Berühmtheit nur dem Umstande zu verdanken, daß seine Abhänge und

Thalsenkungen auch schon früher zur Anlegung von Kunst- und Heerstraßen sich eigneten, wie sie Kaiser Karl VI., Maria Theresia und Franz I. bauen ließen. Der Semmering ist 3120 Fuß hoch, während von den ihn umgebenden Bergen der „Göstritz" (Sonnwendstein) 4818, der „Wechsel" 5500, die „Rax-Alpe" 6340 und der „Schneeberg" 6570 Fuß über dem Meeresspiegel sich erhebt. „Göstritz," „Semmering" und „Rax-Alpe" stehen vor uns so dicht beisammen, daß es unmöglich scheint, hindurch oder darüber hinaus zu kommen, aber unmittelbar hinter dem mit Werkstätten und Magazinen aller Art bedeckten, großen Bahnhofe von Gloggnitz führt die Bahn iu kühner Steigung den Berg hinauf. Wir sind in diesem Bahnhofe 1308 Fuß über der Meeresfläche, und beim Hinausfahren aus der Personenhalle erblicken wir die 2088 Fuß über dem Meere liegende Station Eichberg, zu welcher die Bahn in Windungen von 1$^{3}/_{4}$ Meilen Länge führt, auf denen wir eine Steigung von 780 Fuß zu überwinden haben. Die Station Eichberg scheint hier dem Auge unmittelbar über der Thurmspitze von Gloggnitz zu liegen. Aber zwischen Gloggnitz und Eichberg muß die anstrengend arbeitende Lokomotive, obwohl von der stärksten, für den Semmering ausdrücklich organisirten Constitution, noch einmal Halt machen und zwar vor der Station Payerbach, wo wir das Thal der Schwarza auf einem gewaltigen Viadukt überschreiten, dem längsten der Semmering-Bahn, mit 13 Bogen, von denen die fünf mittleren eine Spannweite von 63 Fuß haben. Gleichzeitig bildet dieser Viadukt eine so bedeutende Kurve, daß er, von der Seite betrachtet, wie das Segment eines riesenhaften, römischen Amphitheaters erscheint.

Die Steigungen der Semmeringbahn haben folgende Verhältnisse:

von Gloggnitz	nach Payerbach	0,93	Meil.	216	F.
= Payerbach	= Eichberg	0,82	=	564	=
= Eichberg	= Klamm	0,54	=	72	=
= Klamm	= Breitenstein	0,70	=	294	=
= Breitenstein	= Stat. Semmering	0,76	=	334	=

Es kommen also auf eine Bahnstrecke von 3,75 Meil. 1480 F. Steigung, und da wir uns in Gloggnitz 1308 Fuß über dem Meere befanden, so sind wir in der Mitte des langen Haupttunnels der Station Semmering, welcher den Berg 300 Fuß unter seinem Gipfel durchschneidet, über welchen die Poststraße nach Grätz und Triest führt, 2788 Fuß über dem Meere. Von diesem Mittelpunkte des Haupttunnels ab senkt sich die Bahn sofort in ebenso starken Verhältnissen, als wir gestiegen sind, nämlich 1 : 42 und 1 : 60, so daß wir bis zu der $1^3/_4$ Meilen entfernten Hauptstation Mürzzuschlag wieder um 720 Fuß niedriger gekommen sind.

Von den Punkten, die wir oben genannt haben, zeichnen sich durch ihre malerische Lage, durch ihre gewaltigen Bergformationen und Schluchten, wie durch ihre kühnen, wunderbaren Bauwerke ganz besonders aus die Station Klamm mit der Burgruine gleichen Namens, einem Felsenneste, von welchem aus der tief unten liegende Marktflecken Schottwien einen reizenden Anblick gewährt, sowie mit dem unmittelbar daran sich schließenden, 400 Fuß langen Tunnel und dem großartigen, auf zwei Bogenstellungen über einander ruhenden Heubach=Viadukt, der, wie der bald darauf folgende Viadukt über den Gamperl=Graben, in seinen Formen große Aehnlichkeit mit den antiken Wasserleitungen hat, wie sie im südlichen Frankreich und auf der pyrenäischen Halbinsel vorkommen, doch sind sie in ihren Dimensionen diesen Römerwerken weit überlegen. Die scharf gezackten Zinnen der nächsten Höhe gehören der sogenannten „Weinzettelwand“ an, die mit ihren durch die Felsen gehauenen Oeffnungen und Galerien einen an der Seite durchbrochenen Tunnel bildet und einen ebenso imposanten, als überraschenden Anblick gewährt. Tunnels und Viadukte wechseln in den Windungen, auf welchen wir die Höhe des Semmering erklimmen, fortdauernd mit einander ab. Eben haben wir uns in dem Dunkel eines langen Tunnels von der beständigen Umschau und dem unablässigen Aufnehmen neuer Eindrücke ein wenig erholt, als wir, an das Licht des Tages gelangend, nicht blos vor uns einen neuen Viadukt erblicken, sondern auch seitwärts einen zweiten, dem wir uns in einer Kurve zuwenden, während wir von einem dritten Viadukt gegenüber, den wir verließen, als wir in den Tunnel einfuhren, durch eine breite, tiefe Schlucht getrennt sind. Und alle diese Viadukte laufen gewissermaßen an drei Seiten eines von hohen Bergwänden eingeschlossenen Kessels, aus dem wir endlich durch einen neuen Tunnel, den großen Haupttunnel des Semmering, der heute, den deutschen Eisenbahn-Verwaltungen zu Ehren, durch Gas, das auf dem Semmering erzeugt wird, glänzender als gewöhnlich erleuchtet war, auf den Punkt gelangen, wo die Grenze zwischen Oesterreich und Steiermark ist und auf dessen Kuppe Kaiser Karl VI. ein Monument hat aufstellen lassen mit der Inschrift: „Aditus ad maris Adriatici littora.“

Ein uns befreundeter Wiener Dichter, Dr. Ludwig August Frankl, hat die Semmering-Fahrt, die sich in ihrer vollen Schönheit weder durch die Kunst des Malers, noch durch die des Dichters darstellen läßt, doch, und zwar mit dem Motto: „Nec ardua terrent“ besungen. Wir theilen daraus einige Verse mit, die jedenfalls unseren Lesern ein des poetischen Gegenstandes würdigeres Bild gewähren dürften, als unsere schlichte Prosa:

. . . .
Abwende jetzt, wen Taumel faßt, die Blicke,
Und wem das Herz im Busen zaghaft pocht —
Titanenhaft hebt Brücke sich auf Brücke,
Die fliegend einen Abgrund überjocht.

Wer spricht vom rhodischen Koloß verwundert?
Das Wunderwerk, besiegt ist's hundertfach!
Und schweigend schafft das lebende Jahrhundert,
Wovon ruhmredig stets die Vorwelt sprach.

Wir seh'n zurück entsetzt! Wo flücht'ge Gemsen
Nur sonst den Sprung gewagt, dort fahren wir!
Nun muß die Kraft der Wagenlenker bremsen,
Wir ziehen durch der Urwelt Nachtrevier.

Phantastisch hängen Felsen uns zu Häupten,
Berggeister sind die Funken in der Nacht,
Die zischend, wirbelnd aus einander stäubten;
Kein Menschenlaut, nur Wagendonner kracht.

Gebirge höhlten schon im Wunderlande
Die dunklen Sklavenvölker mächtig aus
Und thürmten Pyramiden auf im Sande,
Für eine Mumie ein Riesenhaus.

Hier hat durch Urgebirge für das Leben
Der freie Geist geschaffen eine Bahn,
Verbindend Völker und versöhnend, heben
Des Wissens und Verkehrs Triumphe an.

Es tagt! Ein Meer von Licht ist ausgegossen,
Aus Bergen fliegt das Aug' hinab entzückt,
Auf gold'ne Thäler, grün von Wald umschlossen,
Auf reiche Städte, kuppelreich geschmückt.

Bachantisch wiegt die Rebe sich an Stäben,
Der Gärten Schmuck erglänzt um Dörfer rings;
Viel Güter noch, die in den Geistern leben,
Sie harren nur des Auferstehungswinks!

Wir stehen still. — War wirklich die Erscheinung?
Ein Zauber nur im Alpenfürstenreich?
Es war, an Schätzen reich und guter Meinung,
Nur eine Fahrt durch's Herz von Oesterreich!

„Durch das Herz von Oesterreich" sind wir also an die Grenzen des obersteiermärkischen Alpenlandes gelangt, an dessen östlichem, hochgelegenem Saume, im Westen von einer Kette dunkel bewaldeter Riesen begleitet, wir nun entlang fahren, um die „maris Adriatici littora" aufzusuchen. Zunächst rasten wir ein wenig in dem von der grünen Mürz anmuthig bewässerten Mürzzuschlag, in dessen großer Bahnhofs-Restauration, um 1 Uhr Mittags, die nord- und süddeutschen Eisenbahn-Direktoren, sowie ihre von der Bergfahrt ebenso hungerig gewordenen, als entzückten Frauen und Töchter — deren zusammen wohl auch an sechzig auf dem Zuge sein mochten — mit steierischem Gemsbraten und Schnitzel, mit einheimischem, gar nicht üblem Wein, „Mosler", der jedoch nicht von den Mosel-Trauben, sondern vom „Moslem", aus dessen Land er ursprünglich gekommen, den Namen haben soll, und „Jerusalemer", der die Krone aller steierischen Weine ist, sowie mit vielen anderen Delikatessen, an langen Tafeln bewirthet wurden. Inzwischen hatte auch unsere Semmering-Lokomotive, eine der für den Bergbetrieb, nach den Angaben Engerth's, konstruirten Maschinen, zur Erholung von ihren Anstrengungen, ihr Speisehaus aufgesucht und unsere fortan nicht mehr so schwierige Beförderung einem gewöhnlichen, jedoch festlich, wie die Vorgängerinnen, geschmücktem Dampfer überlassen. Jene Engerth'schen Lokomotiven, deren die Südbahn 36 besitzt, haben eine Länge von 34 Fuß und ein Gewicht von tausend Zentnern eine jede. Durch ihre eigenthümlichen Vorrichtungen akkommodiren sie sich jeder Krümmung und gewähren sie die möglichste Sicherheit gegen Entgleisungen, zu welchem Zwecke auch der Oberbau der Bahn, die Schwellen und die Schienen besonders solid und stark konstruirt sind, was, obwohl es bedeutend mehr gekostet, als ein gewöhnlicher Oberbau, doch, bei den Gefahren für Menschenleben und Eigenthum, die mit einer solchen Bergfahrt sonst verbunden sein würden, hier um so weniger in Anschlag kommen durfte, als auch alle übrigen Kostenverhältnisse dieser Eisenbahn weit über den Maßstab hinausgehen, den man sonst bei solchen Unternehmungen anlegt.

Von Mürzzuschlag nach Bruck durchzieht die Bahn das Thal der Mürz, die bei Bruck mit der aus den Hochalpen kommenden Mur sich vereinigt, welche dann die pfeilschnell hinabströmende Begleiterin der Eisenbahn bis Grätz, ja bis in die Nähe von Marburg bleibt. Mürz- und Murthal bieten dem Reisenden eine fortdauernde Abwechslung von anmuthigen und wilden Landschaften. Auf den Höhen fehlt es auch nicht an wohlerhaltenen Ritterburgen und malerischen Ruinen, wie Hohenwang, Lichtenegg und Kapfenberg. Beim Eintritt in Obersteiermark begegnet uns sogleich in zahlreichen Hammerwerken, die sich an den Ufern der Mürz und dann an der Mur hinziehen, die in diesem Lande überall heimische Industrie, deren Erzeugnisse nicht blos weit über die Provinz, sondern auch über Oesterreich und Europa hinaus den Weg finden. Die neue Bahn nach dem Adriatischen Meere wird der Stahl- und Eisen-Industrie Steiermarks gewiß einen noch erhöhten Aufschwung verleihen. Schon jetzt versorgt es mit seinen Sensen das gesammte östliche Europa und viele überseeische Länder, wo es allerdings mit der englischen Konkurrenz zu kämpfen hat. In steierischen und oberösterreichischen Fabriken wird die ungarische, die russische, die polnische Sense, die sogenannte Morastsense für Ober-Italien, die Sense, welche dem Schnitter in Bulgarien und die, welche dem Arbeiter in Bosnien bequem ist, angefertigt. Der steierische Stahl bekömmt, wenn er in Triest angelangt ist, in den italiänischen Waaren-Preiscouranten den Namen „Acciajo di Milano" (Mailänder Stahl"). Unter dieser Benennung führen ihn die Triestiner nach Aegypten und nach Syrien, der Heimat der Damascener Klingen, aus; hispanisirt als „Acero de Milano", ist er begehrt und viel verbraucht in Mexiko, Cuba, Chili und Peru.*) Wir sehen schon an diesem zufälligen Beispiel, wie man in Triest, der „deutschen Hafenstadt," den guten deutschen Dingen einen zwar wohlklingenden, aber gewiß nicht bessern südländischen, Namen giebt und werden Gelegenheit haben, auf diese Entdeutschungssucht der deutschen Küstenstadt noch zurückzukommen.

Unfern von Bruck, bei der Ruine Oberkapfenberg, verlohnt es sich der Mühe, die Eisenbahn auf kurze Zeit zu verlassen und einen Exkurs nach dem westlich gelegenen Hochgebirge zu machen, — nicht um der ganz respektablen Spitzen des Hochschwab (7176 F.) und des Hochwart (7654 F.) willen, sondern um einer noch viel mehr Achtung gebietenden, deutschen Spitze, eines wahrhaft deutschen Mannes und Fürsten wegen, des ehrwürdigen Erzherzogs Johann, der in dem nahen

*) Man vergleiche in dieser Beziehung: J. G. Kohl, „Hundert Tage auf Reisen in den österreichischen Staaten" (Bd. V. Reise in Steiermark und im bayerischen Hochland.) Dresden u. Leipzig, 1842

Brandhof seine berühmte Musterwirthschaft und seinen weit und breit hin Segen verbreitenden Sommeraufenthalt hat. Das Schloß ist im Style eines altdeutschen Gehöftes angelegt. Da ist vor allen Dingen eine Stätte des Herrn, eine imposante Kapelle, und neben den Gebäuden der Landwirthschaft erblicken wir die der Bibliothek und der reichen Sammlungen von Kunst- und Alterthums-Gegenständen. Doch leider ist es uns heute nicht vergönnt, den edlen Greis zu sehen, der hier wie ein Landmann oder Jäger in steierischer Tracht unter den Landleuten sich bewegt.

Wir müssen zurück auf die Eisenbahn. Diese führt uns von Bruck über die scharfen Krümmungen der Mur, durch mächtige Felsen-Einschnitte, z. B. an der steinernen Wand bei Frohnleiten und durch den Hohlweg der Badelwand, wo, nach Sprengung der Felsen, eine über tausend Fuß lange Galerie aufgeführt ist, durch welche die Eisenbahn geht, während auf der ganzen Linie über ihr, d. h. auf ihrer gewölbten Decke, die Poststraße angelegt ist. Da die an der Mur entlang aufgestellten 35 Bogen, auf welchen diese Felsengallerie ruht, eine bedeutende Krümmung bilden, so kann man von der Eisenbahn aus, während der Fahrt, das eigenthümliche Bauwerk betrachten, das zu den interessantesten Arbeiten dieser an Sehenswürdigkeiten so reichen Linie gehört. Die Felswand, an welcher die Galerie mit den beiden Stockwerken ruht, erhebt sich übrigens noch 150 Fuß über derselben.

Der Göstinger Berg, auf welchem die umfangreiche, schöne Burg-Ruine Gösting steht, bildet den Schlußstein des Mur-Thales, das sich nun zu einer offenen, fruchtbaren, so weit das Auge reicht, mit Häusern bedeckten Ebene erweitert, in welcher sich, als einzeln stehender und deshalb um so mehr imponirender, vierhundert Fuß hoher Fels, der Schloßberg von Grätz erhebt, an dessen Fuß, sowie an beiden Ufern der hier ziemlich breiten Mur, die Hauptstadt der Steiermark eine ungemein malerische Lage hat. An dem schönen Schlosse Eggenberg vorüber fahren wir in den Bahnhof von Grätz ein, wo der deutsche Direktoren=Zug die heutige Nacht rasten will, doch haben wir gerade noch Zeit genug, uns die Stadt und ihre Umgebung ein wenig anzusehen.

Wir waren eben im Begriff, einen Fiaker zu suchen, als uns, die schlesische Landsmannschaft, die ziemlich zahlreich vertreten war, eine liebe, bekannte, biederherzige Stimme beim Namen ruft und ein Sechziger mit starkem, grauem Haupthaar und Bart auf uns zueilt, der sofort auch von Jedem mit lauter Freude und mit herzlichem Händedruck begrüßt wird. Es war Karl von Holtei, der seit einer Reihe von Jahren in Grätz bei seiner hier verheirateten Tochter lebt, und der nach dem Bahnhofe gekommen war, um zu sehen, wen der deutsche Direktoren=Zug von seinen vielen deutschen und besonders von seinen schlesischen Freunden wohl mitgebracht habe. Mit Jubel wurde sein Anerbieten aufgenommen, unser Cicerone in dem anmuthigen, an Palästen, wie an Kirchen reichen Grätz sein zu wollen, und so traten wir denn, nachdem wir zunächst in den meistens nicht sehr zu empfehlenden Gasthäusern der Stadt (den „Elephanten" allein ausgenommen) unser Reisegepäck abgegeben hatten, unsere Wanderung durch die allen anderen neuen Bahnhofs=Straßen der Welt auf das Haar ähnlich sehende Annen=Straße, über die schöne Ketten=Brücke nach der mit großstädtischen Kaufläden geschmückten Altstadt und von da nach dem Schloßberge an, den man vom Karmeliter=Platze aus durch das Portal eines Hauses unmittelbar besteigen kann.

Die Hauptstadt der Steiermark ist, ihrer Bevölkerung

und Ausdehnung nach, die größte Stadt im ganzen Gebiete der Alpen, das sich von Wiener Neustadt im Nordosten bis nach Grenoble und Monaco im Südwesten erstreckt. Grenoble, an der äußersten Grenze der Grajischen und der Dauphineer Alpen gelegen, hat 33,000 Einwohner. Ebenso stark ist die Bevölkerung von Genf, das jedoch, streng genommen, nicht mehr zum Alpengebiete gehört. Selbst Bern und Zürich werden in dem neuesten, vortrefflichen „Atlas der Alpenländer", von J. G. Mayr, *) als diesseits der Alpen, im „Schweizerischen Berg- und Hügelland" liegend bezeichnet, doch dürfen wir diese Hauptstädte wohl ebenso zum Alpengebiete zählen, wie Grätz, das zwar selbst die Spitze des Hügellandes bildet, welches sich von Steiermark zum Plattensee hinab allmählich in die große ungarische Ebene verläuft, doch andererseits auch wieder dicht an den östlichen Hochalpen liegt. Während es nun Bern nur bis auf 25,000, Zürich noch nicht einmal bis auf 20,000 und Innsbruck erst auf 15,000 Einwohner gebracht hat, zählt Grätz deren jetzt schon über 63,000. Man kann es daher die Kapitale des Alpen-Gebietes nennen.

Holtei nennt und schreibt den Namen der Sadt: „Grätz" und nicht Graz. Wir thun desgleichen, weil Grätz der deutsche Name ist, den mehrere, von den Slaven „Grad", „Hradec", „Gradzisk" genannte Orte führen, **) und weil

*) Gotha, Justus Perthes, 1858.

**) Wir verweisen auf Grätz im Großherzogthum Posen (ein Städtchen, das durch sein gutes Bier bekannt ist), Grätz an der Mora, in österreichisch Schlesien, Königin-Grätz in Böhmen und Windisch-Grätz in Untersteiermark, sowie eine den Fürsten dieses Namens gehörende Majorats-Herrschaft im Donaukreise des Königreichs Württemberg.

wir nicht Lust haben, uns den Namen der steierschen Hauptstadt italisiren oder slavisiren zu lassen. Soviel wir wissen, war es Joseph v. Hammer, der große orientalische Sprach- und Geschichtsforscher, aber keine Autorität in deutschen Dingen, der zuerst, nachdem er in der Steiermark das Gut Hainfeld von der Gräfin v. Purgstall geerbt hatte, vor etwa fünfundzwanzig Jahren darauf antrug, daß die Hauptstadt der Provinz in slavischer und italiänischer Weise auch von österreichischen Behörden und deutschen Geographen Graz und nicht mehr „Grätz" genannt und geschrieben werden solle. Man ging, des Wohlklanges wegen, darauf ein, wie man in Oesterreich überhaupt geneigt ist, in Dingen, wobei man zwischen Süden und Norden, zwischen italiänischer und deutscher Art, zu wählen hat, dem Süden und der italiänischen Art den Vorzug zu geben.

Damit wollen wir nicht etwa sagen, daß Oesterreich, das alte, deutsche Oesterreich, am Deutschen nicht hänge und es nicht mehr liebe. Dies sei fern von uns! Wir glauben aber, in Oesterreich überall ein sich bekämpfendes, doppeltes Element wahrgenommen zu haben: ein echt deutsches, das deutsche Sprache, deutsche Literatur und deutsche Wissenschaft denen aller anderen Länder vorzieht, das sich von ganzem Herzen freut, wenn Vereine, wie der der deutschen Eisenbahn-Verwaltungen, der deutschen Philologen, der deutschen Naturforscher und Aerzte nach Oesterreich kommen und das voll Hochgefühls in das Lied einstimmt: „Was ist des Deutschen Vaterland?" Dieses deutsche Element findet sich in Oesterreich, wie wir, um nicht mißverstanden zu werden, ausdrücklich bemerken, unter den Bekennern aller Kirchen, aller Religionen. Wir kennen zahlreiche, sehr gute Katholiken in Oesterreich, die auch ebenso gute Deutsche sind. Aber diesem gegenüber findet sich ein anderes mächtiges Element, das eine doppelte Wurzel hat: in den slavischen, magyarischen und romanischen Völkerschaften des Kaiserstaats, sofern es auf nationalen Sympathieen, und in Rom allein, sofern es auf kirchlicher Ausschließung ruht. An maßgebender Stelle in Oesterreich hat seit der Regierung des unvergeßlichen Kaiser Joseph bald das eine, bald das andere Element das Uebergewicht gehabt.

In neuerer Zeit gehörte zu den gefeiertesten Vertretern des deutschen Elementes in Oesterreich der edle Erzherzog Johann. Grätz bewahrt noch jetzt die Erinnerung an die volksbildenden und humanisirenden Bestrebungen dieses Fürsten in dem von ihm im Jahre 1811 gegründeten Johanneum, das ein Institut zur Beförderung der Landeskultur ist, in welchem sich neben reichen, zoologischen, botanischen und besonders mineralogischen Sammlungen, neben einem historischen Archiv, neben einer Bibliothek von 60,000 Bänden, neben einem chemischen Laboratorium und einem physikalisch-technologischen Kabinet eine der vorzüglichsten Ackerbau-, Industrie- und Gewerbeschulen findet. Mit dieser in Verbindung rief der Erzherzog vor zwanzig Jahren einen „inner-österreichischen Gewerbe- und Industrie-Verein" in's Leben, bei dessen Eröffnung im Jahre 1838 er den zahlreichen Mitgliedern des Vereines zurief: „Wir müssen unsere Blicke auf die benachbarten deutschen Staaten werfen, welche demalen in raschem Fortschritte begriffen sind .... Die Zeiten haben uns gewarnt, daß es Noth thue, uns zu erheben, thätig zu sein und nicht zurückzubleiben. Solche Mahnungen darf man nicht unbeachtet lassen."

Der ehrwürdige, jetzt siebenundsiebzigjährige Erzherzog, der seit zehn Jahren von allen Staatsgeschäften und selbst von seiner frühern Thätigkeit in der Steiermark sich zurückgezogen hat, freut sich gewiß am meisten der durch diese alte deutsche Grenzmark führenden deutschen Eisenbahn nach Italien. Durch sie werden nicht blos die Fortschritte der benachbarten deutschen Staaten in Allem, was der Menschheit nützt, was sie ziert und veredelt, auch in den bisher abseits und fern gelegenen Gauen Oesterreichs rasch bekannt werden und zur Nacheiferung aufmuntern, sondern auch die „maris Adriatici littora", die deutschen Küsten der Adria, zu welchen die Steiermark den „Zugang" bildet, werden durch sie denjenigen Zufluß deutscher Art, deutscher Kraft und deutscher Intelligenz erhalten, welcher dort besonders nöthig, um dem urdeutschen Element Oesterreichs das Uebergewicht über das nichtdeutsche, das italiänische und das slavische, zu verschaffen und zu erhalten. Mit Recht äußerte sich neulich die „Allgemeine Zeitung" bei Gelegenheit einer Anzeige des Werkes: „Oesterreichs Neugestaltung von 1848 bis 1858", von dem vortrefflichen Statistiker Karl von Czörnig: „Was in Oesterreich Fortschritt ist, das ist deutsch; das leugnet man drüben selbst nicht. Zum Kampf mit dem Menschen mögen dort auch andere Nationalitäten geschickt sein; zum Kampfe mit der Natur sind es nur die Deutschen allein. Rastlos, unermüdlich arbeiten, nicht um zu genießen, sondern um zu arbeiten, können nur die Deutschen. Nur ihnen steht der Spaten gleich gut zur Hand, wie das Schwert; darum müssen wir immer an den Wahlspruch des Kaisers Franz Joseph erinnern: „„Die Neugestaltung Oesterreichs durch die Arbeit."" Das ist als rauschte das deutsche Panier weit über das Donaureich!"

Also deutsch: Grätz, und nicht slavisch oder italiänisch: Graz! Und dafür erlauben wir uns auch noch folgendes Historisch-Linguistische beizubringen: Nicht blos Obersteiermark, sondern auch Untersteier, das jetzt, mit Ausnahme des Kreises Grätz, fast gänzlich von windischen Slaven (Slovenen) bewohnt ist, war bis über das sechste Jahrhundert hinaus ein Wohnsitz deutscher Stämme. Bis dahin wenigstens findet sich in diesen Landstrichen keine Spur von slavischen Niederlassungen. Dagegen hat Professor Muchar in Grätz, ein Gelehrter, der die Geschichte der windischen Slaven zu seinem besondern Studium gemacht, und der namentlich die viel erörterte Frage in Bezug auf das erste Erscheinen der Slaven in den Drau-, Save- und Mur-Gegenden in einer gründlichen Abhandlung beleuchtete, ausfindig gemacht, daß in den in steierischen Archiven aufbewahrten alten Urbarialbüchern viele Orte, Berge, Thäler und Flüsse, die jetzt slavische Namen tragen, und die in diesen Büchern genau beschrieben sind, noch vor dreihundert Jahren deutsche Namen hatten. Ebenso hat es dort noch im sechszehnten Jahrhundert neben den slavischen sehr viele deutsche Familiennamen auf dem Lande, wie in den Städten gegeben. Erst später erscheinen die deutschen Namen mehr und mehr verdrängt und durch slavische ersetzt — wahrscheinlich in Folge der gegen den Protestantismus, dem sich viele Deutsche in Steiermark zugewandt hatten, durch den Erzherzog Karl (1564—1590), Sohn des Kaisers Ferdinand I. und Vater Ferdinand's II. eingeleiteten und von seinem Sohne, der in Grätz begraben ist und hier ein glänzendes Mausoleum hat, fortgesetzten strengen Verfolgungen. Die Slaven selbst aber haben Grätz früher „Niemetski Grad“, d. i. „deutsche Stadt“, „Deutschburg“, zum Unterschiede von Windisch-Grätz im Kreise Cilly, genannt. Uns würde es historischer und würdiger scheinen, wenn die Deutschen jetzt beide Städte „Deutschburg“ und „Windischburg“ nennen wollten.

Unser wackerer, schlesischer Freund und Landsmann kam nicht blos nach dem herrlichen Schloßberge mit seinen Aussichten auf das reich geschmückte, trefflich angebaute Land, sondern er blieb auch noch bis Abends spät bei uns im „Elephanten", wo wir um den traulischen Eßtisch versammelt waren. Holtei ist, trotz seiner sechszig Jahre, immer noch das alte, kindliche Gemüth, das, wenn es sympathetisch berührt wird, übersprudelt von Lust und Humor, das aber, wenn es auf einen harten Stein trifft, Funken des Zornes und der Satire sprüht. Daß er sich die alte poetische Empfänglichkeit und Reproduktionskraft noch bewahrt, hat er soeben wieder durch sein bei Trewendt in Breslau erschienenes prächtiges Buch: „Geistiges und Gemüthliches aus Jean Paul's Werken" bewiesen. Er sehnt sich lebhaft zurück nach dem Norden, wo das deutsche Element nicht, wie in Steiermark, in's Gedränge kommen kann mit dem slavischen, italiänischen und spezifisch römischen; aber er kann doch nicht lassen von den Enkeln, die er täglich auf seinem Schooße wiegt. Möge auch ihm die deutsch-adriatische Eisenbahn recht oft neue deutsche Freude und alte deutsche Freunde zuführen!

II.

Zweiter Reisetag. — Die Richtungen der Bahn und ihre Ausläufer nach der Levante. — Die Drau, die San und die Save. — Neue Bahnen und alte Burgen. — Badeorte in Untersteier. — Steinbrück. — Krain, die Slovenen und Illyrier. — Illyrische Sprache und Literatur. — Kollar und die Slavomanen — Laibach, der Kongreß und das Moor. — Die Gottschewerer. — Der Karst. — Die Steinwüste mit natürlichen Tunnels. — Meilen lange Wasserläufe, künstliche und tief unterirdische der Natur. — Der Anblick des Meeres. — Triest, die italiänische Stadt des deutschen Bundesgebietes.

Am zweiten Tage der Reise führte uns die Bahn von Grätz über Marburg, Cilly und Laibach nach Triest unserm vorläufigen Ziel. Wir hatten gemeint, den Eindrücken des ersten Tages ließe sich kaum etwas an die Seite stellen, aber diese wurden am folgenden Tage nicht blos erreicht, sondern an einzelnen Punkten noch überboten. Hat sich dort, wie Frankl singt, „wo flüchtige Gemsen nur den Sprung gewagt, durch Urgebirge der freie Geist geschaffen eine Bahn", so gelangen wir hier durch ein südliches, mit dunklen Laubwaldungen und üppigen Maisfeldern bedecktes, an Italien erinnerndes Land zu Römerbädern, die ebenso antik als romantisch sind, zu mächtigen Erdstürzen und Wasserfällen, von wo uns die Fahrt über das sonst pestgeschwängerte Laibacher Moor zu den seltsamen Höhlen- und Felsengebilden des Karstes und endlich an die überwältigende Thalatta, an die Küste des Adriatischen Meeres bringt, an welcher wir, hoch oben auf den Fels, 400 Fuß über dem Meere, beinah anderthalb Meilen entlang fahren, um uns an den herrlichsten Aussichten, bald der vorüberkommenden Segel, bald der gegenüberliegenden Ufer des Golfes, zu ergötzen.

Die Bahn, die bei Wiener-Neustadt ganz nahe der Grenze von Ungarn sich befand und die von dort auch eine Zweigbahn nach der ungarischen Stadt Oedenburg entsendet, hat seitdem eine entschieden südwestliche, von Ungarn sich abwendende Richtung bis Bruck an der Mur genommen, von wo ab sie der aus den Hochalpen, vom Salzburgischen herkommenden, eine südöstliche Richtung nehmenden Mur folgt und sich nun wieder ebenso entschieden der ungarischen Grenze nähert, als sie sich bis dahin von ihr entfernt hatte. Bei Marburg, das, wenn auch nicht durch seine eigene Lage, doch durch die seines Bergschlosses und seiner fruchtbaren, reich bekränzten Berge an die hessische Universitätsstadt gleiches Namens erinnert, überschreitet die Eisenbahn auf einer amerikanischen Gitterbrücke die schiffbare Drau, die den nächsten ungarischen Grenzpunkt zwischen Pettau (einer Römerstadt) und Warasdin aufsucht und die, nachdem sich die Mur mit ihr vereinigt, nachdem sie die Länder der Kroaten und Slavonier bespült, sich in die Donau, unfern von Essek und von der bosnischen Grenze, ergießt. Noch entschiedener wird jedoch die levantische Tendenz unserer deutschen Eisenbahn bei Steinbrück, wo sich die San mit der Save (Sau) vereinigt, welche letztere uns aus Laibach entgegenkömmt, also in einer allen Flüssen, an deren Seite wir bisher gefahren, entgegengesetzten Richtung strömt. Die Save nimmt aber, von der Eisenbahn-Station Steinbrück ab ihren Lauf direkt nach der etwa fünf Meilen entfernten ungarischen Grenze und nach Agram, von wo ab sie die Scheidelinie zwischen der österreichischen Militärgrenze Slavoniens einerseits und dem türkischen Bosnien, sowie Serbien andererseits, bildet, um sich als ein mächtiger Strom zwischen Semlin und Belgrad — also die Theiß noch hinter sich lassend — in die Donau zu ergießen. Man kann hieraus leicht abnehmen, welche große Wichtigkeit die Save und darum auch die Station Steinbrück für unsere Eisenbahn haben. Schon jetzt führt dieser Strom jährlich über eine Million Zentner ungarischer und levantischer Güter nach Steinbrück, wo sie sich in den verschiedenen Richtungen vertheilen und wo darum auch umfassende Bauten zur Spedition der Güter aufgeführt worden. Steinbrück ist mit Agram auch durch eine Chaussee verbunden und in nächster Zeit steht hier die Erbauung einer Eisenbahn ebenfalls in Aussicht. Uebrigens bildet Steinbrück den letzten großen Ausläufer nach dem Osten und dem Donau-Gebiet, denn unfern von jenem wichtigen Punkte verläßt die Bahn zugleich die Steiermark, und mit ihrem Eintritt in das Königreich Illyrien gehört sie ausschließlich dem Handelsgebiete Triest's und des Adriatischen Meeres an.

Unsere Hinweisung auf die levantische Bedeutung der deutschen Eisenbahn nach Italien wird den Lesern die große Wichtigkeit dieser Linie um so einleuchtender gemacht haben. Als Vorläufer der Eisenbahnen, welche künftig diese Straße nach Italien mit Kärnthen und vielleicht auch mit dem Salzburgischen verbinden werden, ist eine sechs Meilen lange Zweigbahn von Grätz über Straßgang und Voitsberg nach Köflach gebaut, welche die steierische Industrie mit den Braunkohlen dieser Gegenden versorgt. Zu dieser westlichen Abzweigung wird demnächst eine Eisenbahn kommen, welche Klagenfurt, die Hauptstadt Kärnthens, mit Marburg verbinden wird und die bis zum Jahre 1860 vollendet sein soll.

Auf der Höhe der Station Wildon erblicken wir die Trümmer eines Schlosses, in welchem einst Tycho de Brahe seine astronomischen Beobachtungen anstellte. Jetzt sind dort interessante mikroskopische Beobachtungen anzustellen, indem der Schloßberg ein Gestein liefert „das, ein Konglomerat infusorischer Schalthierchen, im Bruche selbst weich und leicht zu bearbeiten ist, an der Luft aber eine Härte gewinnt, die sich im Laufe der Zeit bis zur Härte des Porphyrs steigert". Weiterhin führt ein Ort und eine Bahn-Station den Namen Leibnitz — ein Name, der in diesem von lauter Slovenen bewohnten Lande eine um so größere Ueberraschung ist. Bei Schloß Ehrenhausen, jetzt dem Grafen Attemps gehörend, steht das Mausoleum der Fürsten von Eggenberg, ein stolzer Kuppelbau, mit zwei kolossalen Krieger-Figuren am Eingange. Stammvater dieses Fürstenhauses war Balthasar Eggenberger, Bürger und Münzmeister in Grätz, um das Jahr 1470. Die Fürstenkrone erhielt Hans Ulrich v. Eggenberg, Minister des Kaisers Ferdinand II., dessen Mausoleum wir in Grätz gesehen haben.

Bei der Station Pößnitz gelangen wir zu dem längsten Viadukt der ganzen Südbahn, der auf 64 Bogen ruht. Er überbrückt das Pößnitz-Thal, hat im Ganzen eine Länge von 2052 Fuß und führt uns unmittelbar in einen ebenso langen Tunnel, den Leitersberger, der, nächst dem Semmering-Tunnel, der längste ebenfalls der ganzen Bahn von Wien bis Triest ist. Hinter Marburg kommen wir an dem Dorfe und der Burg Schleinitz vorüber, der Wiege eines in Norddeutschland berühmt gewordenen Geschlechtes. Daneben liegt Schloß Kranichsfeld, einst der Sitz der Grafen v. Tättenbach, deren Letzter mit den gegen Kaiser Leopold I. aufgestandenen ungarischen Magnaten gemeinschaftliche Sache gemacht hatte und deshalb im Jahre 1671 in Grätz enthauptet wurde. Bei Station Kranichsfeld mündet zugleich die große Straße von Pettau, an der ungarischen Grenze, weshalb hier der Verkehr sehr bedeutend ist.

Mit dem noch vor Marburg gelegenen Badeorte Gleichenberg beginnt die Reihe zum Theil sehr alter, schon von den Römern gekannter, zum Theil aber erst in neuerer Zeit aufgefundener Mineralquellen, die sich in den Gebirgen des steierisch-illyrischen Grenzlandes finden und die, wegen ihrer Heilwirksamkeit und wegen ihrer überaus romantischen Lage, im Auslande viel bekannter zu sein verdienen, als sie es sind. Gleichenberg, in der Nähe von Brunnsee, und Schloß Spielfeld, welche beide Eigenthum der Gräfin Lucchesi-Palli (Herzogin v. Berry) sind, die hier ihren Sommeraufenthalt hat, während sie die Winter in Venedig zubringt, besitzt sechs Mineralquellen, deren verschiedenartige Wirksamkeit mit der der Heilquellen von Vichy, Pyrmont, Ems und Selters gleichgestellt wird. Hinter Marburg und vor der Stad Cilly folgt demnächst bei der Station Pöltschach, der Badeort Rohitsch, dessen „Tempelbrunn" weit versandt wird und in Italien unter den Namen „Aqua di Cilli" sehr beliebt ist. Es kommen alljährlich nach Rohitsch zweitausend bis dreitausend Personen zum Gebrauche der Bäder und des Brunnens. Zwei Stunden jenseits Cilly liegt Bad Neuhaus, das als ein „Gastein der Frauen“ bezeichnet wird, welche Letzteren auch zwei Drittel der Badegäste zu bilden pflegen. Die nächsten Anhaltpunkte der Eisenbahn hinter Cilly sind ebenfalls Badeorte, und zwar gehören sie zu den schönstgelegenen und, wie behauptet wird, auch zu den wirksamsten: Station Tüffer und Station Römerbad. Das Bad im Markte Tüffer selbst ist erst seit dem Jahre 1852 auch für Badegäste eingerichtet; das „Römerbad“ jedoch war schon den Alten bekannt, wie auch aus den dort aufgefundenen Denksteinen mit römischen Inschriften hervorgeht. Diese Quellen, die eine natürliche Wärme von 29 Grad haben und im Waldgebirge aus Dolomitlagern entspringen, werden in ihrer Wirksamkeit den Alpengewässern von Gastein und Pfeffers gleichgestellt. Das „Römerbad“ präsentirt sich an der Eisenbahn den Vorüberfahrenden so anlockend, daß es uns Ueberwindung kostet, uns loszureißen, ohne uns näher damit bekannt gemacht zu haben. Es ist nicht zu zweifeln, daß das Emporkommen und die Blüthe aller dieser im Auslande bisher wenig gekannten Bäder von der Zeit der Eisenbahnen datiren wird.

Was die Bahnfahrt selbst betrifft, so gehört sie in diesen Gegenden zu den abwechselndsten, bald großartig imponirenden, bald anmuthig überraschenden, die es irgendwo auf uns bekannten Eisenbahnen giebt. Man bleibt in den engen Thälern der San und der Save, die nach beiden Seiten hin Durchblicke auf die fruchtbarsten Gefilde, auf üppige Waldlandschaften gewähren, deren Höhen mit stattlichen Schlössern und Vesten, sowie mit vielen kleinen Kirchen und weiß angestrichenen Kapellen bedeckt sind, während von Zeit zu Zeit Alpen-Riesen von 6—9000 Fuß, wie die majestätische Koralpe, die Sulzbacher Rinka, deren Gipfel noch von keinem menschlichen Fuß betreten worden und die Erdstürze der

Blasovje auf uns herabschauen und uns den Weg zu versperren scheinen.

Das schon mehrfach von uns genannte Steinbrück bildet den Knotenpunkt und die Wasser- und Landesscheide dieses Alpengebietes. Es prägt sich unserm Gedächtniß insbesondere noch durch die ihm den Namen gebende Steinbrücke ein, deren erste Pfeiler bereits aus dem dreizehnten Jahrhundert herrühren, und um welche rings die Häuser des Ortes an die Bergabhänge sich lehnen und das enge Flußthal ausfüllen. Neben der alten für den gewöhnlichen Fracht und Reiseverkehr bestimmten Steinbrücke läuft jetzt die neue, und zwar dicht vor der Mündung der San in die Save, aus drei Bogen, von je 72 Fuß Spannung, bestehend.

Am linken Ufer der uns entgegenkommenden Save fahren wir nun in den Theil des Königreichs Illyrien ein, der früher den besondern Namen Krain („Kraina" bedeutet auf slovenisch: „Grenzland) führte. Die Krainer gehören wieder einem andern Slaven-Stamme als die Untersteierer an, obwohl ihre Mundarten große Aehnlichkeit mit einander haben und die Schriftsprache der Slovenen mit der der Illyrier fast identisch ist. Der Sitz ihrer literarischen und poetischen Stimmführer ist in Laibach, Görz und Agram. Der Name Ljudevit Gaj ist auch in Deutschland nicht unbekannt, doch scheint der Enthusiasmus für die Schöpfung einer neuen illyrischen Schriftsprache und Literatur, der vor etwa zehn bis fünfzehn Jahren auf seinem Höhepunkt war, seitdem sehr nachgelassen und das ganze Unternehmen an Intensität und Ausdehnung verloren zu haben. In Illyrien, wie in Istrien, haben übrigens die Slavomanen mit zweifachen Gegnern zu kämpfen: mit der deutschen und mit der italiänischen Art und Bildung. Durch die Venetianer, die von den Küsten, vom Littorale aus, lange über einen Theil von Illyrien, wie über Istrien, geherrscht, ist das italiänische Element weit über das Gebiet der Apenninen in das der Alpen und besonders auch in das geographisch zu Deutsch=Oesterreich gehörende slavische Vorland eingedrungen, welches allein im Süden den Zugang Deutschlands zum Meere bildet. Diesem italiänischen Element gegenüber, haben die Illyrier Jahrhunderte lang weder ihr Volksthum noch ihre Sprache geltend zu machen gewußt. Erst in neuerer Zeit, seitdem das vielsprachige, polyslavistische Oesterreich, ohne Mitbewerbung von Venetianern oder Franzosen, sein Scepter über das ganze Küstenland erstreckt, mit dessen Königreich Illyrien sogar das altösterreichische Kärnthen vereinigt wurde, haben dort einige slavische Gelehrte den Schild ebenso gegen die italiänische, wie gegen die deutsche Hegemonie erhoben. Der Dichter der „Slavy Dcera", Johann Kollar, einer der Hauptführer des Panslavismus in Ungarn, Illyrien und Böhmen, ist sogar in seiner kurz vor seinem Tode erschienenen „Staroitalia slowanska", d. i. „das slavische Altitalien", soweit gegangen, zu behaupten, daß nicht blos in Illyrien und Istrien, sondern auch im eigentlichen Italien die Slaven Uransiedler und lange unter den Einwohnern die zahlreicheren gewesen seien. Solche und ähnliche, künstliche Grundlagen einer nicht vorhandenen Nationalität und Literatur sind jedoch am wenigsten geeignet, diese hervorzurufen, und so ist denn auch das Luftgebilde des illyrischen Volksthumes, das es mit italiänischer und deutscher Bildung zugleich aufnehmen wollte, längst wieder verschwunden.

Wie gering die geistige Produktion der Slaven in den slovenisch=illyrisch=istrischen Provinzen ist, mag aus folgender vergleichender Uebersicht hervorgehen:

Es erschienen vom 1. September 1852 bis zum 31. Dezember 1853:*)

	Druckschriften:		
	deutsche	slavische	italiänische
1) in Steiermark	116	25	—
2) = Krain	23	13	—
3) = Kärnthen	8	—	—
4) = Triest, Görz, Istrien (Küstenland, das zum deutschen Bunde gehört)	36	3	106
	183	41	106

Im Jahre 1854 betrug die Zahl der in den vier Provinzen erschienenen Druckschriften, nach Abrechnung der periodischen Literatur:

	deutsche	slavische	italiänische
1) in Steiermark	60	10	2
2) = Krain	16	20	1
3) = Kärnthen	12	1	1
4) = Küstenland und Triest	55	1	179
	143	32	183

Die meisten der 1853 erschienenen slovenisch-illyrischen Druckschriften gehörten dem Gebiete der Predigten, der Gebet- und Erbauungs-Bücher an. Ihre Zahl verhält sich wie 2 zu 9 im Vergleich mit dem deutschen und wie 2 zu 5 im Vergleich mit dem italiänischen Verlage, die, der eine, wie der

*) Wir entlehnen diese Angaben der schätzbaren „bibliographisch-statistischen Uebersicht der Literatur des österreichischen Kaiserstaates in den Jahren 1852, 1853 und 1854", von Dr. Constant Wurzbach von Tannenberg. 2 Bde. Wien 1856.

andere, hauptsächlich den Gebieten der Wissenschaft, des Handels und der schönen Literatur angehören. Der slovenisch-illyrische Geist macht sich also nicht sehr bemerklich.*) Die Italiäner haben den früher namentlich auch auf Krain geübten geistigen Einfluß fast ganz verloren, während er in dem zum deutschen Bunde gehörenden Theile des Küstenlandes fast noch ebenso prädominirt, wie an der Küste Ungarns (Fiume, Croatien und Dalmatien).**)

Von Cilly, dieser alten Römerstadt, die ihren Namen von „Claudia Celleia“ herleitet und von Kaiser Claudius gegründet worden, haben wir nachträglich noch zu erwähnen, daß dort vor einigen Jahren eine römische Wasserleitung aufgefunden worden, die ganz von weißem Marmor gewölbt ist. Der Bau, den römische Prokonsuln mit cäsarischen Mitteln ausgeführt, wird jetzt von slovenischen Kleinbürgern als Kloake benutzt. Besser ist es anderen dort aufgefundenen römischen Denkmälern ergangen, die glücklicherweise tragbar waren und daher nach Grätz oder nach Wien geschafft worden sind.

Station Littai, vier Meilen von Laibach, ist einer der bedeutendsten Orte von Krain. Es ist ein Stapelplatz mit Werften an der Save, wo die meisten Schiffe für diesen wich-

*) Dr. Bleiweis in Laibach, Herausgeber eines slovenischen „Lesebuch“ (Slovensko Berilo), redigirt zugleich eine dort zweimal wöchentlich erscheinende Zeitschrift: Novice („Neuigkeiten“), die, außer einer Uebersicht der politischen Ereignisse, auch Aufsätze literarischen und landwirtschaftlichen Inhalts liefert, durch welche der krainische Landmann in zweckmäßiger Weise belehrt wird

**) In Dalmatien (Zara, Ragusa 2c.) beschränkte sich im Jahre 1853 die Zahl aller dort gedruckten Schriftwerke auf elf, von denen acht in italiänischer, zwei in slavischer und eines in lateinischer Sprache. Im Jahre 1854 war diese Zahl auf sechzehn gestiegen, wovon acht in italiänischer, vier in slavischer und vier in lateinischer Sprache.

tigen Strom, Schiffe, die in ihrer Form an die großen slavischen Frachtschiffe der Weichsel erinnern und hier den Namen „Tomba" haben, gebaut werden. Unweit Laibach erweitert sich das Thal der Save in ähnlicher Weise, wie unfern von Grätz das Thal der Mur. Wie die Hauptstadt der Steiermark, liegt auch die des krainischen Illyrien in einer weiten, fruchtbaren Ebene, die meilenweit mit Ortschaften, Kirchen und Schlössern bedeckt ist. Im fernen Nordwesten erblickt man die riesigen Gipfel der Karavanken mit dem nahe an 10,000 Fuß hohen Terglou.

In dem großen Bahnhofgebäude von Laibach war für den deutschen Direktoren-Zug um 1 Uhr Mittags wieder ein ähnlicher Imbiß bereit, wie gestern um diese Zeit in Mürzzuschlag. Eingedenk des Kongresses von 1821, auf welchem, nächst den Angelegenheiten Italiens, die der Tafel einer ganz vorzüglichen Berücksichtigung sich zu erfreuen hatten, ließen auch wir es uns in Laibach sehr gut schmecken. In der Stadt hat zur Erinnerung an die glänzende Zusammenkunft von 1821 der größte Platz, der bis dahin „Kapuzinerplatz" hieß, den Namen des Kongresses bekommen. Ebenso hat zunächst der Kongreß dazu Anlaß gegeben, daß Kaiser Franz Befehl ertheilte, Ableitungs-Gräben durch das, wegen seiner ungesunden Miasmen berüchtigte, große Laibacher Moor zu führen, wodurch ein ansehnlicher Theil desselben in fruchtbares Land verwandelt wurde. Die Eisenbahn hat diese Trockenlegung des Moores noch bedeutend ausgedehnt, indem über einen bis dahin noch nicht urbar gemachten Theil des Sumpfes ein zwölf Fuß hoher Damm von 7200 Fuß Länge geführt wurde, der auf einer Grundlage von Steinen und schwerem Schotter ruht, die aus den Felsensprengungen der die beiden Enden des Sumpfes begrenzenden Anhöhen gewonnen wurde. Diese

Anschüttung allein hat über eine Million Thaler gekostet. Es bildet aber auch der Sumpf-Uebergang mit seinen zwei großen amerikanischen Gitter-Brücken eine, besonders mit den Schluchten, die wir unlängst auf der Bahn durchzogen waren, eigenthümlich kontrastirende Straße, von der aus man nach beiden Seiten, in respektvoller Entfernung von dem Moore, zahlreiche große Dörfer mit hohen Kirchthürmen liegen sieht. Und ist man endlich jenseits des Moores wieder auf festem Boden, so reiht sich daran ein neuer Wunderbau, der 1800 Fuß lange, auf zwei Etagen von 22 und 25 Bogen ruhende und in der Mitte 120 Fuß hohe Franzdorfer Viadukt, an dessen Ende die gleichnamige Station liegt, wo wir aussteigen, um den letzten Rückblick auf die gewaltige Ebene, die wir durchfahren, sowie auf ihre mächtigen Bahn-Bauten und die rings umher liegenden Ortschaften zu werfen.

Einer der in der Nähe von Laibach liegenden Orte heißt Gottschee und ist darum merkwürdig, weil er einem kleinen, deutschen unter den ländlichen Slaven zerstreut lebenden und eine eigenthümliche Mundart redenden Volksstamm, den Gottscheewerern, den Namen gegeben hat. Gottschee selbst, ein Städtchen von 700 Einwohnern, ist der Mittelpunkt dieser meistentheils mit fertigen Holz- und Töpferwaaren Handel treibenden und bis in die fernsten Gegenden der Türkei und Rußlands hausirenden Leute, die übrigens von aller geistigen Verbindung mit anderen Deutschen völlig abgeschnitten sind und deren Trachten, ebenso wie ihre Sitten, einem längst vergangenen Jahrhundert anzugehören scheinen. Ihre Mundart erinnert zwar an die der ländlichen Steiermärker und Tiroler, doch ist sie noch viel rauher und dem gebildeten Deutschen fast unverständlich. Die Gottscheewerer, deren Anzahl noch zur Zeit des Laibacher Kongresses auf 40—

50,000 Köpfe geschätzt wurde, sollen seitdem sehr zusammengeschmolzen sein.

Die Eisenbahn von Laibach über das Moor und den Karst nach Triest ist die zuletzt gebaute und fertig gewordene Strecke auf der Linie zwischen Wien und dem Adriatischen Meere. Im Frühjahr 1850 wurde mit dem Bau des Ueberganges über das Moor begonnen; in den Jahren 1851 bis 1853 wurden die übrigen Bau-Abtheilungen an verschiedene Unternehmer übergeben, und am 27. Juli 1857 fand unter den Auspizien des Kaisers Franz Joseph die erste feierliche Eröffnungsfahrt von Laibach bis Triest statt. Der Karst im weiteren Sinne beginnt unmittelbar hinter dem oben erwähnten Franzdorfer Viadukt, wo die Bahn die erste größere Steigung 1 : 90 hat, welche 3/4 Meilen, bis zur Hochebene von Loitsch andauert. Loitsch, mit einem dem Grafen Coronini gehörenden Schloß, entsendet westlich eine viel befahrene Verkehrsstraße nach der drei Meilen entfernten Bergstadt Idria mit ihren berühmten Quecksilbergruben, sowie nach Görz, der deutsch-slavisch-italiänischen Stadt, wo König Karl X. von Frankreich gestorben und beigesetzt ist.

Karst ist ein Name, von welchem zweifelhaft, ob er einer deutschen, oder einer slavischen Wurzel entstammt, da das deutsche „karsten" soviel heißt, als einen Berg bearbeiten, umkehren (von dem alten „karen", durchschneiden), während das slavische „karcz" die Ausrodung einer Gegend, die urbar gemacht werden soll, und einen Strunk selbst bedeutet. Der deutsche, wie der slavische Terminus paßt auf den Karst, der, bei aller seiner Oede und wüstenartigen Trockenheit, doch auch große Oasen zeigt, die durch des Menschen Hand und Fleiß in fruchtbare Kukuruz-Aecker umgewandelt sind. Außerdem ist dieses höhlenreiche, zerklüftete, auf seinem höchsten

Punkte bei Rakek 1900 Fuß hohe Kalk-Plateau, das im tiefsten Grund auf Sandstein lagert, fast ohne Bäume und alle Vegetation. Eigentliche Thalbildungen finden sich gar nicht in dieser von der Save bis zum großen Quarner-Golf und bis zur Kulpa sich erstreckenden Gebirgslandschaft. Dagegen haben viele ausgedehnte Höhlen das Ansehen natürlicher Tunnels, von denen man glauben sollte, daß sie zur Durchlegung von Eisenbahnen zu benutzen seien. Der Stein ist jedoch so spröde, daß man ihn keinem großen Widerstand aussetzen darf und daß man ihn selbst auf dem Planum der Bahn nur verwenden kann, wenn er durch Untermauerung gehalten und befestigt wird.

Weit und breit berühmt ist die, beinahe eine deutsche Meile im Umfang habende Tropfstein-Höhle bei der Station Adelsberg, die ein Theil unserer Reisegesellschaft aufsuchte und die in der That bei voller Beleuchtung, wie sie in der Regel veranstaltet wird, wenn recht viele Personen zugleich den Eintritt bezahlen, an die Zauberhöhlen des Aladin in Tausend und Eine Nacht erinnert. Schon im Mittelalter war diese Höhle oder vielmehr diese Aufeinanderfolge von Höhlen und Grotten ein Gegenstand der Neugier der Touristen, wie mehrere in der „alten Grotte" aufgefundene Inschriften von 1213 bis 1676 beweisen. In der Nähe der Adelsberger Höhlen ist auch der ebenso berühmte zwei Stunden lange und eine Stunde breite Zirknitzer See, der zuweilen außerordentlich anschwillt, zuweilen aber auch ganz trocken ist, da er einen Abfluß in den Klüften und Spalten seines Kalkbettes hat und nach mannigfaltigen unterirdischen Windungen in dem entfernten Laibacher Thal als Bistriza und Boruniza wieder zum Vorschein kömmt.

Der einzige große Wasserbehälter, den also der Karst

darbietet, ist nur von Zeit zu Zeit als solcher zu benutzen. Man hat daher auch in den hier und da angebauten Oasen Zisternen, wie in der Wüste, anlegen müssen, und den Eisenbahn-Stationen wird das Wasser zur Speisung der Lokomotiven und der Menschen durch ein System von Wasserleitungen zugeführt, die auf der einen Seite mit einer in der Thalschlucht der Station Ober-Lesece aufgefangenen und abgebauten Quelle fünf Meilen weit kommunizirен und auf der anderen Seite von der großen Wasserstation Nabrésina, die vermittelst ihrer Dampfmaschinen auch das zwei Meilen entfernte Triest mit dem nöthigen Trinkwasser versieht, ihren Zufluß erhalten. Es laufen diese kolossalen Wasserleitungen in metallenen Röhren neben der Eisenbahn her, und man hat von den Waggons aus zuweilen Gelegenheit, den Aquädukt und seine unterirdischen Adern zu bewundern.

In Adelsberg nehmen wir von der letzten Station, die eine größere Bevölkerung in diesen Gegenden zu ernähren vermag, Abschied. Während wir noch auf die letzte Baum-Region hinaus schaueten, überreichte uns ein Beamter der Südbahn das Uebersichts-Tableau der für uns in Triest besorgten Wohnungen. Da, bei der ansehnlichen Zahl, in der wir eben gleichzeitig in Triest eintrafen, zu besorgen war, daß wir nicht Alle gleich Unterkommen finden würden, so hatte der Magistrat der Stadt es übernommen, uns in den verschiedenen Gasthöfen Quartier zu bestellen. Meinen Namen fand ich unter dem Aushängeschilde der eisernen Krone Italiens (Corona ferrea), die sonst bekanntlich in Monza aufbewahrt wird, verzeichnet.

Die Strecke von Adelsberg bis an die Meeresküste hinter Nabrésina ist der ödeste und schauerlichste Theil des ganzen Karstes. Die kraterähnlichen Vertiefungen im Gestein, an denen wir vorüberfahren und die oft häuserhoch über einander aufgethürmten Bruchstücke des Steingerölles erwecken in uns ein Gefühl, als befänden wir uns in einer vulkanisch zerstörten großen Stadt, in der keine Spur menschlichen Lebens mehr anzutreffen. Von Zeit zu Zeit erkennen wir jedoch wieder die Thätigkeit der menschlichen Hand, indem zu beiden Seiten der Bahn die Stein-Bruchstücke über die Hochebene vertheilt und zu geordneten hohen Mauern oder zu niedrigeren Zäunen aufgeschichtet sind, die sich in großen Windungen kreuzen und eingeschlossene weite Flächen bilden, in welchen hier und da etwas Humus oder Gartenerde gesammelt ist. Die Steinzäune und scheinbaren Mauern dienen aber als Schutz gegen die Bora, jenen bekannten, den ganzen Karst und den Golf des adriatischen Meeres beherrschenden Nordost-Wind, welcher auf dem Karst keinerlei Vegetation duldet, weil er den auf dem Felsen gesammelten fruchtbaren Boden entführt und dagegen das Erdreich mit dem leichten, alle Vegetation tödtenden Gesteine bedeckt. Durch die Felsen zwischen den Stationen Divaza, Sessana und Prosecco hat sich unsere Straße einen von hohen Wänden zu beiden Seiten eingeschlossenen Weg bahnen müssen. Gleichzeitig läuft mit uns auf unterirdischen Wegen, durch Höhlen und natürliche Tunnels, der Fluß Rjeka, welcher fünf Meilen weit unter dem Karste fließt und erst bei Duino, westlich von Triest, wieder zum Vorschein kömmt, indem er aus neun großen Felsenöffnungen hervorstürzt und dort sogleich einen Strom bildet, der sich nach einem halbstündigen Lauf in das Adriatische Meer ergießt. Die Römer nannten diesen Fluß „Timavus“ und seine „per ora novem vasto cum murmure montis“ unmittelbar das Meer aufsuchende Strömung war ihnen stets ein Gegenstand poetischer Natur-Erhabenheit.

Nachdem man hinter dem „Acquedotto di Aurisina“ (slavisch: Nabrésina) den über zweitausend Fuß langen, auf 42 Bogen (von denen zwei eine Oeffnung von 60 F. und vierzig eine Oeffnung von 30 F. haben) ruhenden und gegen 60 Fuß Höhe erreichenden Viadukt von Santa Croce passirt, der aus dem berühmten Marmor-Muschelkalk gebrochen ist, aus welchem ein großer Theil der Paläste Venedigs erbaut worden, kommen wir zunächst wieder in einen ziemlich langen und tiefen Felsen-Einschnitt, der uns jede Aussicht versperrt. Um so freudiger ist aber unsere Ueberraschung, wenn am Ende dieser Schlucht der Felsen-Vorhang rechts gefallen und, wie durch einen Zauberschlag herbeigeführt, das ganze, weite Meer vor unseren Blicken liegt. Es soll freilich früher, als man auf der Landstraße über Optschina nach Triest kam, der Blick von der Höhe dieser Poststation noch großartiger und umfassender für die Reisenden gewesen sein, als der von jenem Punkte der Eisenbahn; letztere gewährt jedoch den Vorzug, daß sie auf der Höhe, an der Seite des Meeres, eine Zeit lang fortläuft und durch ihre schönen, einen Fels mit dem anderen verbindenden Viadukte ebenso ein Gegenstand der Betrachtung und Bewunderung vom Meere aus ist, wie das Meer, seine Schiffe und seine den Golf bekränzenden Küsten vom Waggon der Eisenbahn betrachtet und bewundert werden können.

Einer der schönsten, 60 Fuß hohen und tausend Fuß langen, aus Triester Sandstein erbauten Viadukte ist der oberhalb des Dorfes Barcola, welches letztere zwischen dem Meeresstrande und der Eisenbahn liegt. Diesem Bauwerke folgt ein zum Theil tunnelartig eingewölbter, tiefer Einschnitt in den Felsen, woran sich endlich der letzte Tunnel, 870 Fuß lang, schließt, der unmittelbar in den großartigen Bahnhof von Triest führt, für welchen jener Tunnel ein langes Einfahrts-Thor bildet. In ähnlicher Weise gelangt man durch einen langen Tunnel unmittelbar in den Bahnhof der Seestadt Liverpool, wenn man von Manchester kömmt. Doch eine solche Reihefolge imposanter Marine-Veduten, wie von der Karst-Höhe vor Triest, hat man auf keiner einzigen englischen Eisenbahn, obwohl die Blicke nach dem Meer, die man von der auf den Kreidefelsen zwischen Dover und Folkstone gebauten Bahn hat, an jene Veduten erinnern. Das Vestibulum des Triester Bahnhofes bildet eine lange Ueberbrückung mit vollkommen geschlossenen Glaswänden, die über dem unterhalb am Meere gelegenen Quarantaine-Lazaret gebaut ist. Die Glaswände sollen angeblich den Zug der Reisenden vor jeder atmosphärischer Berührung mit der infizirten Luft des Lazaret's schützen, wenn sich darin ansteckende Kranke befinden. Wir sind der Meinung, daß zu solchem Zwecke die Glasbedeckung entweder überflüssig ist, oder nichts hilft, lassen uns jedoch die Krystall-Halle gern gefallen, da sie sowohl von oben, als vom Meere aus, die herrlichen Ansichtspunkte Triests und seiner Umgebungen vermehren hilft.

Und nun wären wir endlich in Triest, am Schlußpunkt der achtundsiebzig Meilen langen, deutschen Eisenbahn nach Italien, einer Eisenbahn, wie es an Reichthum der Naturschönheiten und der Kunstbauten, an großartigen Eindrücken der verschiedensten Art und bei niemals ruhendem Wechsel derselben, keine zweite giebt. Mit dem Eilzuge legt man den Weg in siebzehn Stunden, von 6 Uhr Morgens bis 11 Uhr Abends, zurück, während wir, mit unserem Direktoren-Zuge, zwei volle Tage dazu gebraucht haben. Wir würden indeß Jedem, der den vollen Genuß dieser Reise haben will, rathen, es so zu machen wie wir, und am ersten Tage von

Wien (mit dem um 8 Uhr 40 Min. Morgens abgehenden Personenzuge) bis Grätz oder Marburg, am zweiten Tage aber nach Triest, und zwar mit dem Morgens um 6 Uhr von Grätz abgehenden Zuge, zu reisen, der im Sommer noch vor Eintritt der Dunkelheit die Ufer des Meeres erreicht.

Wir sind nun, wenngleich noch nicht in Italien, doch auch nicht mehr in Deutschland. Die italiänische Zunge redet uns von allen Seiten an. Die Gepäckträger sind facchini, der Wagen, in den wir einsteigen, ist eine carrozza, und unser Gasthaus ein albergo — und zwar bereits eines, das mit allen Unsauberkeiten des niederen italiänischen Lebens ausgestaitet ist. Wir waren, wie wir bereits erwähnt, durch die Einquartierungs-Deputation des Triester Magistrates nach der „Corona ferrea", — zu Deutsch: eisernen Krone — gewiesen worden, wo wir, zu unserer nicht geringen Ueberraschung, durch eine aushängeude Taxe benachrichtigt wurden, daß wir für unser unsauberes, ohne allen Comfort, kaum mit Stühlen, Fenstern und Thüren ausgestattetes Zimmer „sei fiorini", sage sechs Gulden täglich zahlen sollten. Da es zum erstenmale war, daß so viele deutsche Gäste gleichzeitig nach Triest kamen, so hatten die italiänischen Gastwirthe die Preise ihrer Zimmer für die Zeit unserer Anwesenheit extraordinair in die Höhe geschraubt. Bei wohnlichen Räumen hätte man sich das auch allenfalls gefallen lassen können; unsere „Corona ferrea" war jedoch so beschaffen, daß ein großer Theil der zu dieser Krone aller Gasthöfe gelangten deutschen Gäste beschloß, nicht länger als eine Nacht darin zu bleiben. Inzwischen suchten wir noch am selbigen Abend das Freie auf und fanden uns alle, die wir in den zahlreichen Gasthöfen der Stadt zerstreut wohnten, vor dem Kaffeehause des großartig eingerichteten Hôtel de la Ville, am Hafenplatze von Triest beisammen.

III.

Das „Hôtel de la Ville“ und die „Locanda grande“. — Winckelmann's Denkmal und Museum. — Der Podestà und die italiänische Verwaltung der Stadt. — Der Oesterreichische Lloyd und seine italiänische Dampfer-Flotte. — Vorherrschen des italiänischen Elements auch bei der deutschen Kaufmannschaft. — Warum Triest als italiänisch gelten will. — Was dem italiänischen Element in Oesterreich seine scheinbare Ueberlegenheit erhält. — Verhandlungen des Eisenbahn-Congresses. — Die literarisch-artistische Abtheilung, die Docks und das Arsenal des Lloyd. — Deutsche Hoffnungen und Aussichten. — Rundfahrt im Golf von Triest. — Festmahl in der Villa Ferdinandiana. — Italiänisches und französisches Theater.

In dem Café vor dem „Hôtel de la Ville“, vor welchem sich das herrliche Panorama des Meeres mit seinen Schiffen und der dasselbe bekränzenden, malerischen Höhen ausbreitet, unfern von dem Molo San Carlo, wo die Reisenden sich aus- und einschiffen, und gegenüber der auf dem Wasser schwimmenden Seebade-Anstalt: „Stabilimento balneare Maria“, fanden wir, die in den verschiedenen Gasthöfen der Stadt zerstreuten, deutschen Eisenbahn-Direktoren, uns beisammen. Hier versammelten wir uns mit unseren

Damien auch jeden folgenden Abend, um unseren Kaffee, unser „Sorbetto“, oder unseren „Granita“ (Eis, Gefrorenes wie jenes, nur etwas anders bereitet) einzunehmen. Hier durften wir, unbesorgt vor erkältender Abendluft, deren spezifische Verschiedenheit von der gewöhnlich im Norden herrschenden die wohlthuendste Eigenschaft des südlichen Klima's ist, bis spät in die Nacht verweilen und dem ganz geschmackvollen, von jungen Mädchen vorgetragenen Violinenspiel, dem Buffogesang italiänischer Bassisten zuhören, die jedem Theater Ehre gemacht hätten und die hier immer, bei dem Lichte zahlreicher Gasflammen, ein großes, außerhalb der Schranken des Café stehendes Publikum um sich versammelten. Am ersten Abend unserer Anwesenheit fand zufällig noch eine Extravorstellung hier, auf dem offenen Platz am Hafen, statt. Man konnte an diesem Abende nämlich zum erstenmale den Donatischen Kometen mit unbewaffnetem Auge sehen, und von keiner Stelle besser, als von dieser, wo der Blick den ganzen nordwestlichen Horizont beherrscht, an welchem eben das seltene Sternbild stand. „La stella cometa!“, hörten wir von allen Seiten rufen. „Wenn uns nur kein Unglück bevorsteht!“ — „Da sei Gott vor!“ riefen Andere, aber Alles in italiänischer Sprache und mit südlicher Betonung der Furcht.

Wir deutsche Eisenbahn-Gäste theilten uns indessen gegenseitig mit, wie wir es in unseren Absteige-Quartieren gefunden, und Alle klagten über die mit italiänischer Unsauberkeit verbundenen schweizer und mehr als englischen Preise. Eine Ausnahme von der ersten Bezeichnung machte nur das von zwei Schweizern gepachtete „Hôtel de la Ville“, wo, außer unserem Präsidium, auch viele andere Vereins-Mitglieder Platz gefunden hatten; es versteht sich aber von selbst, daß hier die schweizer Preise erst recht als Norm galten. Das „Hôtel de la Ville" hatte früher den Namen des Fürsten Metternich, wurde im Jahre 1848 „Hôtel National" genannt und hat seitdem seinen jetzigen Namen erhalten. Ein nicht weit davon, am Marktplatze, belegenes Hotel ist die „Locanda grande" („Großer Gasthof"), dasselbe Hotel, in welchem am 8. Juni 1768 Winckelmann von dem Italiäner Francesco Arcangeli ermordet ward. Arcangeli war keineswegs der Bediente Winckelmann's, wie in der Regel erzählt wird, sondern eine Art Kunst-Agent, der sich in Triest an ihn zu drängen wußte. Dort mochte er allerdings einige Aufträge für ihn besorgt haben. Unter dem Vorwande, abreisen zu wollen, ließ er sich von Winckelmann noch einmal dessen im Koffer verschlossene römische Gold- und Silbermünzen, sowie andere werthvolle Antiquitäten zeigen, damit er, falls ihm auf seiner Reise ähnliche Sachen zum Verkauf angeboten würden, dieselben kenne, in der That aber, um bei dieser Gelegenheit den großen deutschen Alterthums- und Kunstkenner seiner Kostbarkeiten zu berauben. Mit Grausen erzählten einige unserer in der „Locanda Grande" abgestiegenen Damen, sie hätten das jetzt noch als „Camera Winkelmann" bezeichnete Zimmer gesehen, in welchem der Italiäner dem großen Deutschen, während dieser an seinem Koffer kniete, eine Schlinge um den Hals geworfen und ihm fünf tödtliche Stiche mit einem Stilet versetzt hat. Der Gasthof, den ich nachmals selbst aufsuchte, hat noch ganz die eben nicht sehr einladende Bauart im Inneren, die er damals, vor nunmehr neunzig Jahren, gehabt.

Inzwischen ist in neuerer Zeit (1830), durch die Bemühungen des gelehrten, auch um die Gründung der städtischen Bibliothek (mit einer der reichsten Petrarca-Sammlungen) sehr verdienten Domenico Rosetti und mit Hülfe von Beiträgen, die in ganz Europa gesammelt waren, auf dem ehemaligen Kirchhofe des hoch oben, neben dem Kastell von Triest, gelegenen, sehr alten Domes, wo Winckelmann (der bekanntlich Katholik geworden war) begraben ist, diesem ein schönes, von dem Bildhauer Bosa gearbeitetes Marmor-Denkmal gesetzt worden. Gegenwärtig steht dasselbe umringt von römischen Alterthümern, die man in Triest und seiner Umgebung gefunden und die nun auf den alten Grabhügeln der Triestiner aufgestellt sind. Es befinden sich darunter einige sehr merkwürdige Inschriften und Monumente aus der Zeit der römischen Republik, sowie der Regierungen der Kaiser Claudius und Nero. Da der Kirchhof, als solcher, seit langer Zeit geschlossen ist, so hat man ihm, wegen dieser Denkmäler, den Namen „Winckelmann-Museum“ gegeben. Es ist dies die einzige Huldigung, die bisher einem deutschen Namen in der südlichen Hafenstadt Deutschlands zu Theil geworden. Selbst Herr v. Bruck, dem Triest doch einen großen Theil seiner jetzigen Blüthe und seiner berühmten kommerziellen Stiftungen verdankt, ist bis jetzt noch ohne öffentliche Anerkennung seines Namens und Wirkens in dieser Stadt. Hoffen wir, daß auch dem die deutsche Eisenbahn bald abhelfen werde. Man genießt übrigens von der Höhe des Winckelmann-Museums und des Domes auch eine der unbeschreiblich reizenden Aussichten über das Meer, an denen Triest so reich ist. *)

*) Wer sich mit den Schönheiten und Sehenswürdigkeiten Triests während eines kurzen Aufenthaltes bekannt machen will, dem rathen wir, sich folgendes geschmackvoll illustrirte, in vier Sprachen (deutsch, italiänisch, slovenisch und französisch) erschienene Büchlein anzuschaffen: „Drei Tage in Triest, herausgegeben von C. Formiggini, P. Kandler, P. Revoltella und J. B. Scrinzi“. Triest, 1858.

Am folgenden Tage suchte ich mich zunächst von der Last meiner unsauberen „eisernen Krone" zu befreien. Ich begab mich daher nach dem an der „Piazza grande" — zu Deutsch: am Marktplatze — belegenen „Palazzo della Città" — zu Deutsch: Rathhaus — wo ich die Ehre hatte, den Herrn „Podestà" — zu Deutsch: Bürgermeister — zu sprechen. Nachdem mich die Herren „Uffiziali" — zu Deutsch: Rathsschreiber und Diener — alle in italiänischer Sprache, von einem Zimmer in das andere gewiesen hatten, war ich nicht wenig überrascht, als mir der Herr Podestà auf meine italiänische Anrede in gutem, fließenden Deutsch antwortete. Herr Tommasini ist aber auch kein gewöhnlicher Italiäner; er gehört zur Gelehrten-Elite des schönen Landes, und diese zählt bekanntlich die ausgezeichnetsten, gebildetsten Männer, die jedem intelligenten Volke Europa's zur Ehre gereichen würden, in ihren Reihen. Er ist als botanischer Schriftsteller in Italien rühmlichst bekannt, und ich freute mich, schon an der Schwelle dieses Landes, ja noch ehe ich dasselbe wirklich betrat, einen Repräsentanten des edleren, italiänischen Geistes begrüßen zu können. Durch ihn mit dem Magistrats-Assessor, Dr. Carlo Tropeani, bekannt gemacht, lernte ich auch in diesem einen jener urbanen Geister kennen, die zwar unter den romanischen Völkern eine größere Ausnahme bilden, als die hochgebildeten Männer unter den germanischen, die jedoch, wo sie sich als Ausnahmen von der Regel finden, einen überaus wohlthuenden, harmonischen Eindruck machen. Herr Tropeani gehörte zu dem Comité, welches sich in Triest zum Empfang der deutschen Gäste gebildet hatte. Beide Herren sprachen in der liebenswürdigsten Weise ihr Bedauern gegen mich aus, daß, wegen Mangels an Unterkommen, Viele von uns in Hotels zweiten und dritten Ranges hätten logirt werden müssen. Herr Tropeani bot mir inzwischen eines der in Reserve gehaltenen Zimmer im „Hôtel de la Ville“ an; was ich natürlich annahm, doppelt erfreut, weil mir diese Verhandlung die Ehre der persönlichen Bekanntschaft zweier der geschätztesten Mitglieder des Magistrates von Triest verschafft hatte.

In der That haben diese Männer auch während der ganzen Zeit der Versammlung der deutschen Eisenbahn-Direktoren in Triest ihre lebhafte Theilnahme an den Zwecken derselben, sowie ihre Bethätigung dargelegt, daß sie einen großen Werth auf die Handels-Verbindungen Triests mit Deutschland setzen. Noch in späterer Zeit bestätigte Herr Tommasini schriftlich, was er mehreremal, bei Gelegenheit einiger von ihm in deutscher Sprache ausgebrachten Trinksprüche, mündlich versichert hatte. Er schrieb nämlich unterm 11. Oktober an die geschäftsführende und präsidirende Direction des Vereins deutscher Eisenbahn-Verwaltungen: *) „daß Triests Einwohner, ihre Vertretungen und Vorstände in der von dem Vereine getroffenen Wahl dieser Stadt zur Abhaltung seiner Jahresversammlung einen thatsächlichen Beweis des Interesses, welches das gesammte Deutschland an dieser Stadt nimmt, und der Ueberzeugung erblicken, daß Triest ein wichtiges Glied

*) Dermalen und seit länger als vier Jahren bekleidet die Direction der Berlin-Anhaltischen Eisenbahn-Gesellschaft diese Functionen. Bei den Versammlungen in Frankfurt a. M. (1856) und München (1857) hat Herr Geheimer Oberregierungsrath Costenoble, als Mitglied der Berlin-Anhaltischen Eisenbahn-Direction, mit derselben strengen Unparteilichkeit und konzisen Klarheit, mit welcher er die Protokolle des preuß. Staatsministeriums bei feierlichen Gelegenheiten abzufassen pflegt, auch die Protokolle der Verhandlungen des deutschen Eisenbahn-Kongresses geführt.

in der Reihe der vom Vereine vertretenen Verbindungslinien bilde, einer Ueberzeugung, die von unserer Seite ebenso sehr, wie die freundschaftliche Gesinnung, aus welcher sie hervorgeht, getheilt wird."

Ja, diese Ueberzeugung hegen gewiß Alle, die mit uns die Reise auf der großartigen deutschen Eisenbahn nach Triest gemacht, diesem Stapelplatze deutscher, italiänischer und levantischer Erzeugnisse, der einst, wenn erst der kürzeste Weg nach Ostindien durch den projektirten Kanal von Suez geebnet sein, mit Hamburg um die Palme des deutschen Welthandels ringen und mit Marseille um so siegreicher die Mitbewerbung um die Spedition des ostindisch-europäischen Verkehres bestehen wird. Triest ist der natürliche Hafenplatz zunächst der alten österreichischen Kronländer, sodann aber des ganzen Deutschland für das Mittelländische Meer, während das ihm gegenüber liegende Venedig der ebenso natürliche Hafenplatz zunächst für das lombardisch-venetianische Königreich und sodann für das ganze östliche, cisappenninische Italien ist, das an seiner langen Küste keinen zweiten, für den Handel ebenso bequemen und mit dem Binnenlande durch eine große Eisenbahn verbundenen Hafen besitzt.

Warum wendet sich nun Triest, das viele deutsche Kaufleute ersten Ranges unter seinem Handelsstande zählt, dessen großes Rhederei- und Seehandlungs-Institut, der „Oesterreichische Lloyd", von einem genialen, deutschen Kaufmanne, dem jetzigen Finanzminister, Freiherrn v. Bruck, gegründet ward, und das auch jetzt noch unter der Leitung eines deutschen Kaufmannes, des preußischen General-Konsuls von Luttheroth steht *), von Deutschland, ja von deutscher Sprache,

---

*) Unter den fünf Mitgliedern des Verwaltungsrathes des Lloyd:

Sitte und Art, so entschieden und förmlich ab? In der Verwaltung Triests, wie des Lloyd, ist auch nicht eine Spur deutscher Zugehörigkeit zu bemerken. Die Verhandlungen am grünen Tische des Magistrates sowohl, als der Gerichtshöfe, der Handelskammer und des „Lloyd Austriaco" — wie er hier überall genannt wird — finden ausschließlich in italiänischer Sprache statt. Ebenso sind die Erlasse der genannten Behörden nur in dieser Sprache abgefaßt. Ja, das Handels- und See-Gericht von Triest richtet seine Requisitionsgesuche an die k. k. Gerichts- und Regierungsbehörden in Wien und in anderen deutschen Städten Oesterreichs sowohl, als des übrigen Deutschland, in italiänischer Sprache. Die deutschen Mitglieder des Magistrates und der Handelskammer sollen sogar, obwohl sie das Recht hätten, auch in deutscher Sprache zu reden, die von allen ihren Kollegen verstanden wird, doch davon niemals Gebrauch machen, weil — wie es heißt — die italiänische Nationalität, als eine angeblich der deutschen überlegene, ihnen imponirt! Hört, hört, die Nationalität eines in seiner äußeren Erscheinung — wie wir ihr auf allen Gassen begegnen — und in seinen geistigen Manifestationen — wie sie sich in seinen Schriftwerken und politischen Aeußerungen darstellen — so heruntergekommenen Volkes, eines Volkes, das hier, an diesen Gestaden, die ursprünglich von Slaven bewohnt waren und es größtentheils noch sind, nicht heimischer ist, als der Deutsche, der sie seit Jahrhunderten beherrscht — diese Nationalität imponirt den

---

Baron v. Luttheroth, Statthaltereirath Wittmann, Börsen-Vicepräsident Hagenauer, Konsul Schröder und Banquier Morpurgo ist nur der letztgenannte ein Italiäner, während die Anderen alle der deutschen Nationalität angehören.

hier ansässigen Deutschen dermaßen, daß sie es nicht wagen, die eigene Sprache und Schrift gegen sie geltend zu machen!

Die Augsburger „Allgemeine Zeitung“ führt seit einiger Zeit mit der in Triest erscheinenden deutschen Zeitung einen Federkrieg, wegen des Mangels an deutscher Gesinnung, der in der adriatischen Hafenstadt herrscht, und namentlich auch wegen des durchweg italiänischen Charakters der österreichischen Handelsmarine, sowie der Dampfer-Flotte des „Oesterreichischen Lloyd“. Die „Triester Zeitung“, die sonst ihren vorgeschobenen deutschen Posten, unter der Führung der kenntnißreichen Herren Pipitz und Dreger, in sehr rühmlicher Weise vertheidigt, wagt es doch nicht, der Zumuthung der „Allgemeinen Zeitung“ irgendwie zu entsprechen und Propaganda unter den deutschen Kaufleuten in Triest zu machen, um diese zu Schritten in einem nationalen, deutschen Sinne zu bewegen. Sie beruft sich einfach auf die Thatsache: „Unsere Küsten sind nicht deutsch: sie werden nur von Slaven und Italiänern bewohnt.“ Ja, eine darauf der „Allgemeinen Zeitung“ von „mehreren deutschen Actionairen des Lloyd“ zugegangene Erklärung spricht sich in Bezug auf jenen Streit folgendermaßen aus: „Die Stadt Triest ist allerdings insofern deutsch, als sie in der politischen Eintheilung zum deutschen Bunde gehört; dieselbe Regierung aber, welche ihre Kriegsflotte deutsch kommandiren läßt, druckt ihr offizielles Blatt und alle ihre Verordnungen in Triest italiänisch; die Tribunale erlassen ihre Bescheide italiänisch; das Hafenamt ist rein italiänisch; der Magistrat verkehrt italiänisch; der Gemeinderath, die Handelskammer halten ihre Sitzungen nur italiänisch; in der nautischen und Handels-Akademie ist die Unterrichtssprache italiänisch; alle Börsengeschäfte werden italiänisch abgeschlossen — der Lloyd aber, der nur von dem

Verkehr lebt, soll allein die Landessprache seines Sitzes verleugnen?"

Eine Thatsache, wie die, auf welche sich die „Triester Zeitung" beruft, ist freilich nicht leicht zu ändern. Die Oesterreicher, die am Adriatischen Meere die Erben der seefahrenden Venetianer wurden, können den im Laufe von Jahrhunderten italisirten, slavischen Küsten nicht nach Jahrzehnden schon einen neuen Nationalcharakter aufgedrückt haben. Aber daß die deutschen Actionaire des Lloyd es so ganz in der Ordnung finden, daß das nicht erst seit Jahrzehnden, sondern schon seit Jahrhunderten (mit alleiniger Ausnahme der kurzen, französischen Zwischenherrschaft) unter österreichischem Scepter stehende Triest so durch und durch italiänisch regiert, verwaltet, gerichtet und belehrt werde, wie sie selbst sagen, würde unbegreiflich sein, wenn es dafür nicht eine ganz einfache Erklärung gäbe — eine Erklärung, die, so einfach sie ist, doch der „Allgemeinen Zeitung" bisher entgangen zu sein scheint.

Die piemontesischen und französischen Zeitungsschreiber behaupten zwar, daß das lombardisch-venetianische Königreich unter dem „Drucke tyrannischer Fremdherrschaft" schmachte, und daß Oesterreich seine italiänischeu Unterthanen ebenso stiefväterlich behandele, wie der König von Neapel, der Herzog von Modena und andere einheimische Herrscher; wir deutschen Reisenden — und unter denen, die wir uns jetzt in Venedig, Padua, Verona, Mailand, Como 2c. umgesehen, befanden sich Männer der verschiedensten politischen Gesinnung — sind jedoch nicht der Ansicht der Zeitungen von Turin und Paris. Vielmehr glauben wir, daß man nur einen Blick in das lombardisch-venetianische Königreich zu thun brauche, um sich davon zu überzeugen, daß die Italiäner in Oesterreich das bevorzugte, ja das verzogene Kind der gemeinsamen väterlichen Obsorge sind. Hier ist nicht allein von dem „Drucke tyrannischer Fremdherrschaft", über welchen das junge Italien zu klagen liebt, nichts wahrzunehmen — wenn man nicht etwa die überall sichtbaren österreichischen Uniformen als solchen bezeichnen will, was jedoch eine ungerechte Hyperbel wäre, da sich das Militair, obwohl vom Bürgerthum ausgeschlossen und exilirt, keinerlei Uebergriffe gegen dasselbe erlaubt — sondern es werden hier auch die altüberkommenen Munizipalfreiheiten sowohl, als die von der Napoleonischen Zwischenherrschaft eingeführten Grundsätze der Gleichheit aller Stände und aller Bekenntnisse vor dem Gesetze auf das Strengste geachtet und aufrecht erhalten. Namentlich ist es der letztere Umstand, die Gleichheit aller Stände und religiösen Bekenntnisse vor dem Gesetze, was dem italiänischen Bürger in seinen eigenen Augen ein so hohes, moralisches Uebergewicht über den deutschen Bürger in Oesterreich verleiht, der in einigen Provinzen des Kaiserstaates die Evangelischen und in den meisten alten Kronländern die Juden von dem Rechte ausgeschlossen sieht, Grundeigenthum zu besitzen, und der sich durch den im lombardisch-venetianischen Königreiche längst nicht mehr gekannten Gewerbe- und Zunftzwang in der freien Bewegung auf dem mit dem Auslande konkurrirenden Gebiete der Industrie vielfach gehemmt sieht. Ist es da wohl ein Wunder, wenn die Triestiner, als im Jahre 1815 ihre Stadt, gleichwie das gesammte alte und neue Ländergebiet Oesterreichs, mit Ausnahme der Lombardei und Venedigs, sowie Galiziens, Ungarns und seiner Dependentien, den deutschen Bundesstaaten einverleibt wurde, vor Allem darauf hielten, wie sie jetzt noch darauf halten, daß ihre alten italiänischen Munizipalfreiheiten geachtet bleiben und ihnen, gleichwie den Italiänern des lombardisch=venetianischen Königreiches, das Joch des Gewerbe= und Zunftzwanges und vieler anderen, die deutschen, slavischen, magyarischen und rumänischen Bewohner Oesterreichs treffenden Ausnahme=Gesetze mit der Ehre, zu Deutschland zu gehören, nicht auferlegt werde? Kaiser Franz, der selbst ein Italiäner war (er wurde am 12. Februar 1768 in Florenz geboren und zum Thronerben von Toscana erzogen) und der eine Vorliebe für italiänische Sprache und Sitte hatte, gewährte diese Bitte, nicht blos der Gerechtigkeit wegen, sondern auch weil er die Italiäner, sowohl in der Lombardei, als in allen früher von den Venetianern beherrschten österreichischen Provinzen, für vorgeschrittener in der politischen, wie in der sozialen Bildung hielt, als seine deutschen und slavischen Unterthanen. Und darin mochte er damals vielleicht nicht ganz unrecht haben.

In keinem andern Lande des Kaiserstaates hat nämlich, wie im lombardisch=venetianischen Königreiche, in Folge seines Bodenreichthums, seiner Seidenproduction und seines (venetianischen) Welthandels, die künstlerische und fabrikartige Ausbildung der Gewerbe so früh schon eine Verschmelzung der Stände herbeigeführt. Diese Verschmelzung der Stände läßt nicht blos die faktische Ungleichheit des Reichthumes, des größeren und des kleineren Grundbesitzes, der patrizischen und der plebejischen Familien weniger drückend und demüthigend erscheinen, sondern sie läßt auch, wie es in der Lombardei und Venedig wirklich der Fall ist, neben der Aristokratie der Geburt eine vollkommen gleichberechtigte Aristokratie des Talents zu. Und so kömmt es denn, daß das nördliche Italien — denn auch Piemont und Toscana bieten mehr oder weniger ähnliche Zustände dar, wie die Lombardei und Venedig

— trotzdem, daß alle romanischen Völker seit einem Jahrhundert weit hinter den Kulturfortschritten der germanischen zurückgeblieben, den Eindruck einer überlegenen Bildung macht und dadurch besonders den slavischen Bewohnern Illyriens und des österreichischen Küstenlandes imponirt, wo im Jahre 1815 die unter der französischen Herrschaft aufgehobenen feudalen Vorrechte (Baronialrechte) wiederhergestellt wurden und wo, wie unter den slavischen Völkern überhaupt, an eine Verschmelzung der Stände und an eine Aristokratie des Talents nicht zu denken ist.

Triest, dem bereits Karl VI. und Maria Theresia, bei seiner Erhebung zum Freihafen, die Erhaltung seiner alten, italiänischen Munizipalrechte zugesichert hatten, erhielt im Jahre 1775 einen besonderen Statthalter, der das Gebiet der Stadt, abgesondert vom übrigen österreichischen Küstenlande (Aquileja, Fiume, Buccari, Zengy und Carlobago), regierte. Die Evangelischen durften hier unter Kaiser Joseph im Jahre 1786 zwei große Kirchen („Cristo Salvatore“ gehört der helvetischen und die „h. Dreifaltigkeits-Kirche“ der Augsburgischen Kanfession) für ihren Gottesdienst einrichten, und den Israeliten wurden Handelsfreiheiten bewilligt, wie sie dieselben damals nirgends sonst besaßen. Alles dies trug dazu bei, der Stadt einen außerordentlichen Aufschwung zu verleihen, und von 3000 Einwohnern, die sie unter Karl VI., dem Vater Maria Theresia's, besaß, hatte sie es im Jahre 1809, als sie unter französische Herrschaft kam, auf 40,000 gebracht, die jedoch unter dem eisernen Joche des Napoleonischen Regimentes und des Kontinentalsystems sehr bald wieder um ihren Wohlstand kamen.

Als nach wiederhergestellter Herrschaft der Oesterreicher, Triest zum Königreich Illyrien geschlagen und dem Littorale einverleibt wurde, hat Kaiser Franz, wie wir bereits erwähn=

ten, den von slavischen Landbewohnern, Fischern und Schiffern umgebenen italiänischen Kaufleuten Triests, wie den Italiänern der Lombardei, die Wiederherstellung ihrer alten, sowie die Erhaltung der von den Franzosen neu eingeführten Freiheiten zugesichert, und das, was ihnen 1814 versprochen wurde, ist ihnen in der That treu gehalten worden. Triest hat darin eine Aufforderung gefunden, auch seinerseits dem Kaiserhause die Treue streng zu bewahren. Es hat diese Probe, wie 1809—1813, auch 1848—1849, in den Kämpfen Oesterreichs mit Italien, bestanden, so daß ihm der Beiname der „getreuen Stadt“ (Trieste, la fedele) gegeben worden. Triest hält aber auch auf seine italiänischen Vorrechte so außerordentlich viel, daß es, als die Stadt im Jahre 1848 den damaligen ersten Direktor des Oesterreichischen Lloyd, Herrn v. Bruck, zu ihrem Abgeordneten bei dem deutschen Parlament in Frankfurt a. M. wählte, diesem ausdrücklich die Instruction ertheilte, nicht zuzugeben, daß die Ausnahms-Stellung Triests im deutschen Bundeslande Oesterreichs irgendwie beeinträchtigt werde. Und in der That war es auch Herr v. Bruck, der, als der volkswirthschaftliche Ausschuß des deutschen Parlaments unter seinem eigenen Vorsitze den Antrag stellte, Ein Handels- und Zoll-System für das ganze deutsche Bundesgebiet einzuführen, im Namen der Stadt Triest entschieden Protest dagegen einlegte. Seitdem ist im Jahre 1850 der Stadt eine neue, vom Küstenlande abgegrenzte Sonderstellung, mit eigener Munizipal-Verfassung für Gemeinde-Angelegenheiten, an deren Spitze ein Podestà sich befindet, gegeben worden, während für die höhere Verwaltung des Littorale eine Statthalterei besteht, die, ebenso wie das für maritime Angelegenheiten des gesammten

Küstengebietes eingesetzte „See-Gubernium", in Triest ihren Sitz hat.

Wenn nun aber das Festhalten Triests an seiner italiänischen Nationalität historisch seine Begründung hat und in den materiellen Vortheilen, die dieses Festhalten den Triestinern gewährt, seine Rechtfertigung findet, so scheint doch mit der Vollendung der deutsch-adriatischen Eisenbahn eine solche Veränderung in den Beziehungen und Zukunfts-Aussichten der Stadt eingetreten, daß — wie selbst das Schreiben des Herrn Podestà an den Vorstand des deutschen Eisenbahn-Vereins andeutet — dieselbe sich fortan nicht mehr als vorzugsweise zu Italien gehörend, sondern als ein „wichtiges Glied" in der Kette der deutschen Handelsstädte ansehen muß. Die größere Strömung der Reisenden von Deutschland nach Triest, die wachsenden Speditionen und überseeischen Verbindungen, die es zwischen seinem großen Hinterlande und der Levante, Asien und Afrika bekommen wird, werden es seiner Handelsbevölkerung bald zum Bewußtsein bringen, daß sie einem anderen Kreise der Kulturbewegung angehört, als dem italiänischen. Und ist es der österreichischen Regierung Ernst, sich dem deutschen Zollvereine mehr und mehr zu nähern, was in der That auch für die Interessen beider großen Ländercomplexe wünschenswerth scheint — mit Ausnahme vielleicht des lombardisch-venetianischen Königreiches, das einem von der deutschen Kulturbewegung gänzlich verschiedenen Kreise angehört — dann wird auch sie mehr als bisher dafür thun, daß jene deutschen Sympathieen in Triest rege gehalten und befördert werden. Dazu gehört aber allerdings, daß sie die Aristokratie des Talentes ebenso auf der deutschen Seite des Adriatischen Meeres begünstige wie auf der italiänischen, und daß sie durch Aufhebung aller Beschränkungen, die noch in Illyrien, Steiermark und im übrigen Oesterreich auf einzelnen Religionsbekenntnissen, so wie auf den nicht bevorzugten Ständen und Gewerben lasten, das Volksbewußtsein dort ebenso hebe, wie es im Lombardo-Venetianischen und in Triest gehoben ist.

Mit Unrecht wirft übrigens die „Allgemeine Zeitung" dem Oesterreichischen Lloyd vor, daß er gar nichts für die Förderung des deutschen Elements in Triest thue. Die von der literarisch-artistischen Abtheilung des Lloyd begründeten und herausgegebenen deutschen Journale: die „Triester Zeitung" und das „Familienbuch", nehmen eine sehr rühmliche Stelle unter den österreichischen deutschen Blättern ein. Die von eben so unterrichteten, als politisch gebildeten Männern (Pipitz und Dreger, von denen der Erste die politischen und der Zweite die Handels- und die volkswirthschaftlichen Artikel der Zeitung schreibt) redigirte „Triester Zeitung" bringt nicht blos gut geschriebene Leitartikel, sondern auch ein meistens originelles und belehrendes Feuilleton. Das „Familienbuch", mit feinen Kupfer- und Stahlstichen, und zwar hauptsächlich nach Bildern lebender, deutscher Maler, ausgestattet, zählt Mitarbeiter in allen Gegenden Deutschlands und hat bereits mehreremal ansehnliche Prämien für die beste Novelle, oder andere Preis-Dichtungen, vertheilt. Die Kupfer- und Stahlstiche des „Familienbuch" werden in einer eigenen Kunst-Anstalt des Lloyd hergestellt, in welcher nicht weniger als achtzehn Kupfer- und Stahlstich-Pressen, sowie ein photographisches Atelier in Thätigkeit sind. Gewöhnlich werden diese von deutschen Zeichnern und Kupferstechern gelieferten Arbeiten auch dem ebenfalls im Verlage des Lloyd erscheinenden italiänischen Journale „Letture di Famigle", beigelegt, das ebenso in Italien viele treffliche Mitarbeiter zählt (unter Anderen die Brüder Ignazio und Cesare Cantù, Cidadella Vigodarzere rc.), wie das „Familienbuch" in Deutschland. Und wie die „Letture" das italiänische Seitenstück zum deutschen „Familienbuch" sind, so ist der gleichfalls vom Lloyd herausgegebene „Osservatore Triestino" das Pendant zur „Triester Zeitung."

Im Ganzen ist freilich der italiänische Theil des Verlages des „Oesterreichischen Lloyd" viel umfangreicher und werthvoller, als der deutsche. Wir nennen darunter besonders die in dem „Magazin für die Literatur des Auslandes" nach Verdienst gewürdigte „Biblioteca Classica Italiana", deren Herausgeber, Dr. A. Racheli, sich besonders durch seine schätzbaren Einleitungen und Anmerkungen zu den Chroniken und anderen selten gewordenen Werken des Mittelalters und der neueren Zeit, sowie durch seine kritische Sichtung der Texte der sogenannten klassischen, italiänischen Schriftsteller, ein wahres Verdienst um die Literatur seines Vaterlandes erwirbt, die übrigens in dieser billigen und schönen Ausgabe auch in Deutschland mehr und mehr verbreitet und gekannt wird.

Zur Vergleichung dessen, was in Triest in deutscher und in italiänischer Sprache gedruckt wird, liegt uns die bereits von uns erwähnte, treffliche Uebersicht des Dr. von Wurzbach aus dem Jahre 1853 vor. Es sind in dem gedachten Jahre zu Triest (mit Einschluß von drei bis vier unbedeutenden Schriften, die zu Görz und noch einem andern Orte gedruckt wurden) im Ganzen 36 Schriften in deutscher und 106 in italiänischer Sprache erschienen. Dieselben vertheilen sich nach ihren verschiedenen Fächern folgendermaßen:

		deutsch	italiänisch
1)	Romane und Erzählungen	0	32
2)	Schöne Literatur im Allgemeinen . .	14	14
3)	Unterrichts= und Jugendschriften . .	1	20
4)	Handels= und Gewerbewesen	6	10
5)	Kriegswissenschaft und Marine . . .	8	0
6)	Geographie und Ethnographie	5	2
7)	Kalender, Jahresberichte 2c.	1	6
8)	Geschichte	0	5
9)	Erbauungsschriften	0	2
10)	Sprachwissenschaft, Alterthum	0	3
11)	Gedichte	1	2
12)	Theater	0	3
13)	Philosophie und Naturwissenschaft .	0	2
14)	Kunst	0	2
15)	Verschiedenes	0	3
		36	106 *).

Es ist bezeichnend, daß von allen hier aufgeführten literarischen Fächern nur die Kriegswissenschaft und Marine keine Vertretung in italiänischer Sprache hat. Die Mannschaften der kaiserlichen Marine bestehen zwar fast ausschließlich aus Illyriern, Istrianern und Dalmatinern (also Slaven) und Italiänern; da jedoch die Offiziere sämmtlich entweder Deutsche oder deutsch gebildete Slaven sind, so ist auch die Literatur der Marine in Oesterreich, ebenso wie die der Armee, deutsch, ganz so, wie das Kommando in beiden Abtheilungen der Landesvertheidigung. Anders verhält es sich mit der

*) In Triest, der polyglotten Stadt, erscheint übrigens auch eine Zeitung in neugriechischer Sprache. Eine in Triest wohnende, der italiänisch-jüdischen Gelehrten-Familie Luzzatto angehörende Dame, Signora Rachele Marpugo, wird wegen ihrer ausgezeichneten hebräischen Dichtungen sehr gerühmt.

Dampfer-Flotte des Oesterreichischen Lloyd. Hier ist das Kommando italiänisch — mit alleiniger Ausnahme des Rufes: „Vorwärts!“ welches Wort Herr v. Bruck einst dem Wappen des Lloyd als Devise verlieh — und hier bestehen auch die Offiziere fast nur aus Italiänern und Slaven, die sich als gemeinsamer Sprache immer des Italiänischen bedienen. Freilich ist dies auch das in allen Handels- und Küstenstädten des Mittelländischen Meeres unter dem Namen „Lingua franca“ verstandene und gesprochene Idiom; aber dieser Umstand allein sollte doch den Oesterreichischen Lloyd nicht zurückhalten, dem Beispiele der Kriegsmarine zu folgen. In der Levante, in Syrien und in Aegypten, wo die Offiziere der englischen, französischen und russischen Handelsmarine verstanden werden, würde man sicher auch bald das deutsche Wort des Oesterreichischen Lloyd-Offiziers verstehen.

Jedenfalls haben wir aber anzuerkennen, daß auch die Offiziere des Oesterreichischen Lloyd dem deutschen Eisenbahn-Vereine alle mögliche Aufmerksamkeit erwiesen haben, und zwar sowohl bei der Rundfahrt, die wir durch den herrlichen Golf von Triest, unter Begleitung des ausgezeichneten Lloyd-Musikcorps, auf zwei Dampfern zurückgelegt, als bei dem am folgenden Tage stattgefundenen Stapellaufe zweier Schiffe in der großartigen Werften- und Werkstätten-Stadt des Lloyd, und endlich bei der am dritten Tage, auf dem großen Dampfer „Il Giove„ („Jupiter“) unternommenen Fahrt nach dem Kriegshafen von Pola, von wo wir dann in der folgenden Nacht nach Venedig hinüber fuhren.

Die Rundfahrt am ersten Tage ging zunächst an der friaulischen Küste entlang, bei dem freundlichen Dorfe Barcola vorüber, worauf wir den schönen, noch nicht vollendeten Schloßbau des Erzherzogs Ferdinand Max, „Miramar“ genannt („Schloß-am-Meer“ wäre vielleicht ein ebenso passender Name dieser reizenden Villa), zu sehen bekamen, dessen junger künstlicher Park und dessen Fontainen durch die nahe Wasserleitung von Nabrésina (italiänisch: Aurisina) getränkt werden. Von da gelangten wir in die Nähe von Duino, einem ebenfalls sehr malerisch, auf steilem Felsenufer gelegenen Schlosse, das der Fürstin Hohenlohe gehört. In der Nähe von Duino mündet der in unserem zweiten Reise-Abschnitt erwähnte räthselhafte Fluß, der bei den Römern „Timavus“ hieß und auch jetzt noch den italiänischen Namen „Timao“ führt, in der That aber nichts Anderes, als ein slavischer Illyrier ist, der in seiner Heimath „Rjeka“ („Fluß“) heißt, sich bei St. Canzian, auf dem Karst, in die Erde verliert und nach einem unterirdischen Laufe von fünf Meilen hier, bei Duino, wieder zu Tage kömmt, um sich als breiter Strom in das Adriatische Meer zu ergießen. Nachdem wir auch noch Grado und in der Ferne das alte Aquileja gesehen, jene erste Niederlassung der Römer am Golf, von wo aus diese die Istrianer und andere thrakische Seeräuber im Zaume gehalten, fuhren wir im Halbkreis über den Golf nach der entgegengesetzten istrischen Küste, wo wir, zurückkehrend nach Triest, bei Isola, Capodistria, Muggia und Servola (letztere beiden die Stationsplätze eines Theiles der kaiserlichen Kriegsflotte) vorüberkamen. Wir können jedem Reisenden, der Triest besucht, nur rathen, diese herrliche Rundfahrt durch den Golf, zu der ihm an jedem Sonn- und Feiertag durch ein Damfboot des Lloyd Gelegenheit geboten ist, ebenfalls zu machen.

Ich gedenke nur flüchtig der Sitzungen und Berathungen des deutschen Eisenbahn-Vereines im großen Saale des Börsengebäudes. Letzteres hat die Börsenversammlungen dem im vorigen Jahrzehnd erbauten „Tergesteum“ überlassen, dessen Erdgeschoß einen mit Glas bedeckten Kreuzgang bildet, neben welchen sich die Bureaus und Lesesäle des Lloyd befinden, während in den oberen Stockwerken die drei Abtheilungen des Lloyd, mit Einschluß der literarisch-artistischen, ihre großartige Thätigkeit entwickeln. Unsere Sitzungen wurden durch eine schöne Ansprache des Ritters von Gutmannsthal, Vice-Präsidenten der Central-Seebehörde von Triest und dem Küstenlande, eröffnet, der während der ganzen Zeit unserer Anwesenheit und auch bei unserer Fahrt nach Istrien und Pola die wohlwollenden Intentionen seiner Regierung nicht blos durch das gesprochene Wort, sondern auch durch alle seine Anordnungen bethätigte. Ich gestatte mir, aus den Sitzungen selbst, deren Berathungen und Beschlüsse seit dem Bestehen des Vereines stets ebenso die Förderung der Zwecke des handeltreibenden und reisenden Publikums, wie die Einheit der Tarife, Regulative und sonstigen Bestimmungen aller Eisenbahnen der verschiedenen deutschen Staaten im Auge haben, nur anzuführen, daß unter Anderem wieder die Frage erörtert wurde, inwiefern ausländische Eisenbahn-Verwaltungen, wie die lombardisch-venetianischen, die ungarischen, die schleswigschen und andere, dem deutschen Eisenbahn-Verein, seiner Bestimmung nach, anzugehören vermögen? Einzelne Stimmen, und zwar hauptsächlich von Vertretern deutscher Staatsbahnen, hatten früher Bedenken dagegen erhoben, indem die Ausdehnung des Vereines über Italien, Ungarn 2c. ihnen gegen die Statuten desselben, die den Verein als einen deutschen bezeichneten, zu verstoßen schien. Auch heute wurde diese Ansicht wieder geltend gemacht, und zwar gegenüber den Anträgen lombardisch-venetianischer und ungarischer Eisenbahn-Verwaltungen, die dem Vereine ihren Beitritt erklärt hatten. Der Schreiber dieser Zeilen erlaubte sich bei dieser Gelegenheit, auf den Vorgang eines anderen, ebenfalls alle Länder und Stämme unseres Vaterlandes umfassenden, großen Vereins, der deutschen Buchhändler-Corporation, hinzuweisen, der in neuerer Zeit den Grundsatz aufgestellt habe, alle diejenigen Buchhändler des Auslandes (namentlich auch die Pariser und die Londoner Verleger), welche sich den Gesetzen des deutschen Buchhändler-Börsenvereines anschließen, danach also in Leipzig einen Kommissionär haben, in deutscher Währung abrechnen u. s. w., ohne Rücksicht auf ihre Nationalität in den Verein aufzunehmen und an allen Rechten desselben, wie z. B. Ankündigung ihrer Verlagsartikel im amtlichen Theile des Buchhändler-Börsenblattes, theilnehmen zu lassen. Es kann für Deutschland nur erfreulich und eine Genugthuung sein, wenn sich Angehörige der Nachbarländer unter irgend einer Form deutschen Gesetzen unterwerfen, deutscher Sitte und Art anschließen. Deshalb würde auch nicht blos — wie die Versammlung sofort beschloß — die Aufnahme lombardisch-venetianischer, ungarischer, galizischer, posenscher und anderer solcher Eisenbahn-Verwaltungen, deren Regierungen dem deutschen Bunde angehören, sondern auch die der schweizerischen Eisenbahnen, von welchen einige Direktoren, als eingeladene Gäste, in unseren Sitzungen erschienen waren, sich vollkommen rechtfertigen lassen. In der That haben die schweizerischen Eisenbahnen bereits aus freien Stücken mehrere Regulative und Bestimmungen des deutschen Vereines bei sich eingeführt. Sie haben durch ihr wiederholtes Erscheinen auf den Generalkongressen des deutschen Eisenbahnvereines ihre lebhafte Theilnahme an der Wirksamkeit desselben und auch in vertraulichen Aeußerungen gegen Einzelne ihr Bedauern zu erkennen gegeben, daß, nach den bestehenden statutarischen Bestimmungen, nicht auch ihre Bahnen dem großen deutschen Vereine sich anschließen können. Wir hoffen, daß sehr bald die Zeit komme, wo unter richtiger Erkenntniß dessen, was der Welthandel und der mitteleuropäische Eisenbahn-Verkehr verlangen, auch diese Schranke niedergerissen wird.

Unsere gemeinschaftlichen Ausflüge in die Umgebungen von Triest machten wir in der Regel nach beendigten Vormittags-Sitzungen. Einer derselben führte uns nach der „Villa Ferdinandiana", die auch den guten deutschen Namen „zum Jäger" hat. Diese Villa, nach der Zeichnung des in Triest durch mehrfache Prachtbauten (unter Anderem: des reichen und geschmackvollen Palastes Revoltella) bekannten und geschätzten Baumeisters Hitzig in Berlin erbaut, befindet sich im Angesichte des Meeres, 700 Fuß über demselben, auf dem Abhange eines Waldhügels, den der Kaiser Ferdinand der Stadt Triest zum Geschenk gemacht, und den sie darum, wie der Villa selbst, den kaiserlichen Namen „Bosco Ferdinandeo", „Ferdinandswald", beigelegt hat. Zu dieser Villa hinauf führt eine malerische Straße durch eine kräftige Baum- und Rasen-Vegetation, mit schönen Fernsichten, die bei jeder Windung des Weges abwechseln. Hier sind es die hohen Berge und das blaue Meer, dort die Viadukte der Eisenbahn und die Stadt Triest mit ihren von schönen Villen gekrönten Hügeln, die sich dem Auge darbieten. Abends, bei der Rückfahrt, war diese prachtvolle Straße durch Fackeln erleuchtet, die zu beiden Seiten aufgestellt waren. Die große Säulenhalle im Erdgeschosse der Ferdinands-Villa nahm uns zu dem Festmahle auf, das die kaiserliche Regierung, vertreten durch Herrn von Gutmannsthal und durch die beiden, an unseren Sitzungen theilnehmenden Räthe des k. k. Handelsministeriums, dem Eisenbahn-Vereine veranstaltet hatte. Wahrhaft gastfreundliche und echt deutsche Worte wurden auch hier von den einheimischen Herren Benedetti v. Guttmansthal,

Tommasini und v. Lutteroth, ferner von dem kaiserl. Ministerialrath Negrelli v. Moldelbe aus Wien, einem ebenso gründlich gebildeten, als humanen und liebenswürdigen Eisenbahn-Techniker, der leider wenige Tage darauf vom Tod hinweggerafft wurde, von dem Vorsitzenden des deutschen Eisenbahn-Vereines, Direktor Fournier aus Berlin, von dem Präsidenten v. Wittgenstein aus Köln und von dem General-Direktor Dr. Hartmann, Vertreter der k. hannoverschen Staatsbahnen gesprochen. Auch des Großmeisters der deutschen und der europäischen Wissenschaft, Alexander's von Humboldt, dessen neunzigster Geburtstag heute eben war, wurde bei diesem Festmahle mit Jubel gedacht, und es ging von der Tafel aus eine telegraphische Depesche folgenden Inhalts an ihn ab: „Wir, die Stadt Triest und die hier beim fröhlichen Festmahle versammelten Mitglieder des deutschen Eisenbahn-Vereines beglückwünschen Alexander v. Humboldt zu seinem neunzigsten Geburtstage.“ Wenn auch nur ein kleiner Theil der deutschen Wünsche und Hoffnungen, die heute hier ausgesprochen wurden, in Erfüllung geht, so haben Deutschlands Handel, von den Küsten der Nord- und Ostsee bis zu denen des Adriatischen Meeres, und Deutschlands Wohlstand, natürlich mit Inbegriff der schönen Gauen Oesterreichs, einen außerordentlichen Aufschwung von der Zukunft der deutsch-adriatischen Eisenbahn zu erwarten.

Ein anderer Nachmittags-Ausflug führte uns nach dem neuen „Arsenal“ des Lloyd, einer großartigen, seit dem Jahre 1852 hergestellten, doch noch nicht ganz vollendeten Anstalt zum Bau und zur Ausbesserung der Schiffe, sowie der Dampfmaschinen für dieselben. Dieses Etablissement mit seinen Werften und seinen vom Meere bespülten und bis in dasselbe hineinreichenden Dry-Docks, die von Eisenbahn-Geleisen durchschnitten sind, auf welchen mittelst großer, durch eine stehende Dampfmaschine in Bewegung gesetzter Karren die größten Dampfboote in kurzer Zeit auf das Land gezogen und ebenso vom Stapel gelassen werden können; ferner mit seinen kolossalen Werkstätten, Gießereien, Hämmern und Schmieden, mit seinem ausgedehnten Hafendamme und seiner Ameisen-Thätigkeit zu Wasser und zu Lande, hat wohl seines gleichen nur noch jenseits des Meeres zu suchen. Die uns bekannten Schiffbau-Anstalten bei Hamburg und Stettin stehen an Großartigkeit dem Triester Arsenale weit nach, obwohl dieses noch im Werden ist und wahrscheinlich in einigen Jahren noch viel imposanter geworden sein wird. Während unseres Besuches wurden unter dem Fanfare des Lloyd-Musikcorps und unter dem Huzzah! der Arbeiter-Bevölkerung zwei Dampfschiffe, ein großes, „Australia," und ein kleineres, „Lario," vom Stapel gelassen. Das zweite der oben erwähnten Dry-Docks, an dessen Vollendung noch Hunderte von Arbeitern beschäftigt sind, wird förmlich in die Felsen hinein gemeißelt, an welchen sich hier die Brandung des Meeres bricht, und es war uns bei seiner Besichtigung, als ob wir in einen ungeheuren Granitschacht hinabstiegen, um unter die Tiefen der Adria zu gelangen.*)

Von Sant' Andrea, wo das Arsenal liegt, fuhren wir in Begleitung unserer Damen über San Giacomo, eines der höchstgelegenen Stadtviertel von Triest, nach dem Belvedere,

*) In den beiden letzten Jahren sind die Dividenden der Dampfschifffahrts-Gesellschaft des Oesterreichischen Lloyd nicht sehr erheblich gewesen und hinter den Gewinn-Realisirungen der früheren Jahre geblieben, obwohl im J. 1857 neue regelmäßige Fahrten zwischen Korfu, Messina und Malta, sowie zwischen Triest und Barcelona eingerichtet wurden. Die Betriebs-Einnahmen haben im J. 1857 zwar nicht weniger, als 5,489,865 Gulden betragen, wozu noch die Subvention des Staates mit

einem öffentlichen Garten, wo uns bei Sonnen=Untergang eine neue reizende Aussicht über die Umgegend der Stadt und das Meer überraschte. Das Musik=Corps der Triester Territorial=Miliz, eines eigenthümlichen Gemisches von rustikaler Landwehr und städtischer Bürgergarde, spielte hier, uns zu Ehren, während Fackeln und bengalische Feuer ein romantisches Licht über die Abhänge und Gelände des Hügels verbreiteten, auf dessen Höhe wir uns befanden. Im großen Gartensaale, dessen Eingang mit dem Transparent: „Willkommen an der Adria!" geschmückt, war uns von der Stadt Triest ein Abschieds=Souper für 300 Couverts bereitet, bei dem es auch wieder nicht an sinnigen Trinksprüchen fehlte, die sowohl von den Wirthen als von den Gästen ausgebracht wurden.

Nicht vergessen darf ich auch der Theater von Triest, die an drei Abenden für unsere Damen und uns gastlich geöffnet waren, ohne daß wir ein Eintrittsgeld zu zahlen hatten. In dem Theater „Armonia", einem erst im vorigen Jahre, im lombardischen Stil erbauten, überaus anmuthigen Hause, das an diesem Abende festlich erleuchtet war, hatte die philharmonische Gesellschaft, ein Verein von Dilettanten, ein in italiänischem Geschmack arrangirtes Vokal= und Instrumental=Konzert mit Chören veranstaltet, das wir jedenfalls als eine gastfreundliche Aufmerksamkeit zu betrachten hatten, besonders da der Musikdirektor, Herr Piber, eine ausdrücklich für den heutigen Abend komponirte Symphonie („espressamente composta", wie es im Programme hieß) zur Ausführung

Einer Million kömmt, so daß sie im Ganzen auf 6,489,865 Gulden sich beliefen. Die Ausgaben für den Betrieb, für die Unterhaltung der Fahrzeuge und die Centralverwaltung betrugen jedoch ebenfalls nicht weniger, als 6,280,342 Gulden, so daß nur ein Ueberschuß von 209,523 Gulden zur Vertheilung von Dividenden verblieb.

5*

brachte.*) Außerdem wurden einige Scenen aus dem Trauerspiel des italiänischen Bühnendichters A. Somma: „Marco Bozzari“ — bekanntlich ein Held des griechischen Freiheitskampfes unserer Zeit — nicht ohne dramatischen Effekt aufgeführt. An einem andern Abende sahen wir in dem großen „Mauroner Theater“ ein berühmtes Lustspiel von Goldoni, „Le Donne gelose“, das mit dem ganzen Zank- und Schimpftalent italiänischer Waschweiber und mit allen karikirten Lazzis Truffaldino's, der in keinem Goldonischen Stücke fehlt, gegeben wurde. An einem dritten Abend endlich hatten unsere Frauen — die Männer waren anderweitig beschäftigt — die Abwechselung, im „Teatro Grande“ eine französische Gesellschaft spielen zu sehen, von der sie jedoch nicht allzu entzückt waren. Man sieht, es war uns viel geboten: musikalisches, tragisches und komisches, italiänisches, sowie französisches Theater, sehr viel — nur nichts Deutsches in der doch auch von vielen gebildeten Deutschen bewohnten deutschen Hafenstadt!

Inzwischen dürfen wir doch von Triest nicht mit diesem aus deutscher Brust kommenden Seufzer scheiden. Vielmehr wollen wir hier noch folgen lassen, was uns ein deutscher Freund, der seit längerer Zeit an der Adria lebt, Erfreuliches und Hoffnunggebendes in dieser Beziehung nachträglich mittheilt: „Seit zehn Jahren ist in Triest schon viel geschehen, um dem deutschen Elemente das ihm gebührende, moralische Uebergewicht zu verschaffen. Sehen Sie nur die blühenden, deutschen Sortimentsbuchhandlungen der Herren Münster,

*) Am folgenden Tage, bei dem Festmahl in der Villa Ferdinandiana, ward sogar von der Kapelle des Regimentes „Prohaska“ ein von dem Festordner, Gubernialsecretair Franz Scherer, komponirter, „den Mitgliedern der Generalversammlung gewidmeter „Eisenbahn-Kongreß-Walzer“ gespielt.

Schimpff und Coen an. Von diesen drei Buchändlern setzt namentlich Herr Schimpff nicht bloß für den hiesigen Verbrauch, sondern auch für die Versendung nach den Handelsstädten des Mittelländischen Meeres, nach Konstantinopel, Smyrna, Alexandrien ꝛc., sehr viele deutsche Verlagsartikel ab. Die Abonnenten= und Leserzahl der allerdings vortrefflich redigirten deutschen „Triester Zeitung" nimmt mit jedem Jahre ansehnlich zu. Ja, was in Triest zu den eigentlichen Gebildeten gehört, das zählt sich auch gern zu den Deutschen, gleichviel ob es deutsch, oder pseudo=italiänisch ist. Nirgends im Küstenland, sieht man dies so deutlich als hier, und niemals konnte man es so wahrnehmen, wie im jetzigen Moment, wo Jedermann sich erinnert, daß Triest eine deutsche Bundesstadt ist. Der vorzugsweise deutsche Charakter der Stadt tritt gerade jetzt, den großitaliänischen Gelüsten Piemonts und den Napoleonischen Erinnerungen Frankreichs gegenüber, recht augenscheinlich hervor. Man weiß, daß Oesterreich im Bunde mit Deutschland der beste Schirmherr von Triest's Handel und Wohlstand ist. Lassen Sie die deutsche Eisenbahn nur erst einige Jahre bestehen, so wird auch das Aeußere Triest's ein mehr deutsches Ansehen gewonnen haben. Selbst deutsches Theater, das wir übrigens schon manchmal hier gehabt, werden Sie dann nicht mehr in Triest vermissen. Je deutlicher es zum Bewußtsein der Küstenbewohner kommen wird, daß Wohlstand und Kultur nicht vom Süden, sondern vom Norden her ihre Förderung erhalten, um so entschiedener werden sie sich von der gleißnerischen, keinerlei sittlichen Stützpunkt habenden Bildung der Italiäner abwenden und der starken, siegreichen Bildung Deutschlands ihren Tribut darbringen."

IV.

Fahrt nach Pola und Venedig. — Die Westküste Istrien's. — Pola und seine römischen Bauwerke. — Die Nationalität der Istrianer. — Oesterreichs deutsche Flotte. — Zukunft des Küstenlandes. — Die Lagunenstadt.

Am 16. September Morgens stand am Molo San Carlo das größte Dampfboot des österreichischen Lloyd, der „Jupiter" (il Giove), bereit, um die deutschen Gäste aufzunehmen und sie zunächst nach Pola und von da nach Venedig zu bringen. Wir nahmen Abschied von Triest, dessen Vertreter bei unseren Versammlungen zum Theil noch an Bord des Dampfers gekommen waren, um uns Lebewohl! zu sagen, oder auch um uns bis Pola das Geleit zu geben, welches Letztere namentlich der liebenswürdige und gefällige, kaiserliche Regierungs-Kommissarius, Ritter v. Gutmannsthal, that, der, als Vice-Präsident der Central-Seebehörde des Küstenlandes, uns auch in dem neuen Kriegshafen an der Südspitze Istriens durch seine persönliche Begleitung eine um so freundlichere Aufnahme sichern wollte.

Wir fuhren, nachdem wir den Golf von Triest vor

Muggia, Capodistria und Isola passirt waren, an der ganzen westlichen Küste Istriens entlang, deren Saum mit olivenreichen Hügeln und vielen malerisch gelegenen Ortschaften bedeckt ist. Um uns besser orientiren zu können, hatte Herr v. Gutmannsthal ein Panorama der Küstenfahrt von Triest bis Pola, die „Costa occidentale dell' Istria," *) Mehreren von uns überreichen lassen. Pirano ist der erste, ziemlich bedeutende Ort (9000 Ew.), der sich uns auf der vorspringenden Westküste Istriens durch seine im Hintergrunde der Stadt sich erhebenden Zinnen und Thürme der ehemaligen Festungsmauer bemerklich macht. Es folgen sodann die Städte Umago (2000 Einw.), in dessen Nähe sich der 4000 Fuß hohe „Monte Maggiore" den Blicken der Vorüberfahrenden zeigt; Cittanova (1400 Einw.), wo sich ein Bisthums-Kapitel befindet; Parenzo (3000 Einw.), auf einem im Meere vorgeschobenen Felsen, wo ebenfalls ein Bischof residirt; Rovigno (14,000 Ew.), die größte und volkreichste Stadt Istriens, sehr malerisch gelegen und mit einem ziemlich bedeutenden Seehandel, der besonders durch den dort mit starken Kräften betriebenen Sardellenfang, sowie durch bedeutende Olivenöl-Pressen, unterstützt wird. Unter den zahlreichen Flaggen, denen wir in der Nähe von Rovigno begegneten, waren auch das griechische Kreuz und der türkische Halbmond. Sie gehörten großen Fischerbarken, deren Heimat Kandien und der nicht allzu entfernte Archipelagus ist, und die mit ihrem Fange bis nach Rovigno gingen. Wer mit einem der Lloyd-Dampfer die Küstenfahrt nach Fiume macht, der sollte nicht versäumen, sich in Rovigno, wo, wie in allen

*) Disegnata per ordine del Lloyd Austriaco da Giuseppe Rieger. Trieste, 1851.

größeren Hafen-Stationen, die Dampfer eine Zeit lang anlegen, den an die St. Marcus-Kirche von Venedig erinnernden Dom anzusehen. Wir näherten uns nunmehr dem Zielpunkt unserer Küstenfahrt, indem wir die zahlreichen kleineren und größeren Brionischen Inseln passirten. Fast jede derselben bildet ein Marmor-Lager, aus welchem sich einst die Venetianer mit dem Material zum Bau ihrer kostbaren Paläste und Kirchen versorgten. Aber auch schon die Römer wußten dieses Material in imposanter Weise zu verwenden, wie uns ein Blick unmittelbar hinter diesen Inseln beweist. Denn vor uns liegt Pola mit seinem großartigen, römischen Amphitheater, mit seiner „Porta aurea" und mit seinen äußerlich noch wohlerhaltenen antiken Tempeln.

Pola's Ursprung verliert sich in die ältesten, mythischen Zeiten; Jason und der Argonautenzug werden mit der Gründung der Stadt in Verbindung gebracht, die zur Zeit des Cäsar Augustus den Namen „Pietas Julia," nach der Gemahlin des Kaisers, erhielt. Sicher ist, daß Augustus selbst, sowie die nachfolgenden Cäsaren, hier, an der Küste des Adriatischen Meeres, in einer Gegend, die jetzt noch weit und breit wegen ihrer Witterungsmilde berühmt ist,*) sehr oft ihren Sommer-Aufenthalt nahmen. Daher also hier am Meere das wahrhaft cäsarische Bauwerk des Amphitheaters, das mit seinen wohlerhaltenen, malerischen Umfassungsmauern, mit seinen zweiundsiebzig, je 18 Fuß hohen offenen Bogen in zwei Etagen, über welchen sich ein drittes Geschoß viereckiger Fenster erhebt, stolz neben das Colisseum von Rom und das

*) Ein bejahrter österreichischer Offizier, der Pola seit einem halben Jahrhundert kennt, versicherte uns, daß er hier noch niemals Schnee gesehen habe.

Amphitheater von Verona sich stellen darf. Im inneren Raume sind noch die Spuren der sogenannten „Naumachie“ wahrzunehmen, die unter Wasser gesetzt werden konnte und auf welcher wahrscheinlich Schiffs-Manöver als Schauspiele aufgeführt wurden, ganz so, wie es heutzutage noch im Hippodrom zu Paris geschieht. Der Zuschauerraum der Arena, dessen marmorne Stufen längst von den Venetianern weggeführt wurden, um ihre Gebäude damit zu schmücken, mochte wohl 15—20,000 Menschen fassen. Leider ist das Innere des Bauwerkes ebenso zerstört und ruinenhaft, wie das Aeußere wunderbar erhalten ist. Da für die Erhaltung dieser mindestens 1700 Jahr alten Mauern zu keiner Zeit etwas geschehen ist, so kann man es eben nur der glücklichen, gegen Stürme geschützten Lage des Amphitheaters und der Witterungsmilde dieser Gegenden zuschreiben, wenn das prachtvolle römische Bauwerk noch auf unsere Zeit gekommen.

Der äußerlich ebenso unversehrt erhaltene „Tempel des Augustus,“ der am Markte zu Pola neben dem „Palazzo publico“, dem heutigen Forum, steht, ist ganz im edelen Stile des Parthenons gebaut. Die Inschrift über dem auf korinthischen Säulen ruhenden Porticus und die Ornamente an dem umlaufenden Fries haben ebenso dem Zahne der Zeit getrotzt, wie das Gebäude selbst, in welchem jetzt eine kleine Sammlung römischer Denksteine und anderer Alterthümer aufbewahrt wird. Parallel mit diesem Tempel befand sich, etwa 30 Schritte davon, ein zweiter von ähnlichen Dimensionen von welchem jedoch nur noch die Rückseite erhalten ist, während die Vorderfronte dieses Tempels durch ein mittelalterliches Gebäude, im venetianischen Stil, ausgefüllt wird, das eben jener „Palazzo publico“, eine Art Rathhaus, ist und das auch den Zwischenraum bis zum Augustus-Tempel einnimmt. In der offenen Vorhalle dieses Gebäudes ward im vorigen Jahre einem gelehrten Polenser, Luigi Carrara, ein Denkmal errichtet, aus seiner auf einem Sockel ruhenden Marmorbüste mit einer Inschrift in italiänischem Lapidarstil bestehend. Wie diese Inschrift besagt, hat sich Herr Carrara ebenso durch seine Kenntniß des klassischen Alterthums, wie durch seine „begeisterte Liebe des Vaterlandes" ausgezeichnet. „Patria" — frug ich, als ich dies las, einen neben mir stehenden Bürger von Pola — „ist damit Oesterreich oder blos Istrien gemeint?" — „L'Italia!" antwortete mir der Mann, indem er zugleich leise hinzufügte: „Man hat es uns in Wien übel genommen, daß wir dem Denkmal unseres sehr italiänisch gesinnten Landsmannes diese Inschrift gegeben." — „Aber man hat sie doch stehen lassen," bemerkte ich, „was immerhin ein Beweis ist, daß Oesterreich von den Italiänern in Istrien nichts zu fürchten hat."

Istrien gehört aber auch ebenso wenig der italiänischen Nationalität an, als Krain oder Tirol. Die Venetianer fanden bei der Eroberung Istriens (1267—1331), das sie hauptsächlich wegen seines Reichthumes an Schiffbauholz gebrauchten, Ueberbleibsel alter römischer Kolonisten, geflüchtete Kandier, in den Hafenstädten venetianische Kaufleute und auf dem Lande eine kompakte slavische Bevölkerung. Zum Ersatze für die nachmals durch die Pest hingerafften Einwohner wurden Dalmatiner und Albanesen an die Küsten Istriens verpflanzt. Diese lernten allerdings im Verkehr mit Venedig alle Italiänisch sprechen, aber die meisten Ortsnamen Istriens sind blos italisirt und verrathen leicht ihren slavischen Ursprung, wie Rovigno, Buje, Petrovia, Carnitza, Rabaz, Brana, Previsch, Czernitze, Markaschina u. s. w. Selbst Capo d'Istria, das lange die Residenz venetianischer Nobili war, von der aus man vergebens danach strebte, auch Triest den Oesterreichern abzuluchsen, hat Stadttheile, welche die slavischen Namen Bozadraga, Zubenaga tragen. Je weiter man übrigens von der Küste in das Innere des Landes kömmt, um so slavischer findet man die Bevölkerung. Die Slaven, gewöhnlich „Istrianski", also Istrier par excellence, genannt, zerfallen hier in Morlachen, Savrinen und Tschitschen, neben welchen sich auch viele Walachen finden. Man nimmt an, daß zwei Drittel der Gesammtbevölkerung Istriens Slaven und ein Drittel Italiäner sind. Daß auch unter den Slaven viele — besonders diejenigen, die als Matrosen gedient und als Schiffer auf der See waren — italiänisch sprechen, wenigstens soviel, um sich im gewöhnlichen Verkehr mit den Italiänern zu verständigen, ist eine unbestreitbare Thatsache; aber Italiänisch sprechen oder radebrechen, wie es die österreichischen Schiffs-Capitaine, deren Name mit ... v i c h endigt, alle können, macht noch lange keinen Italiäner.*)

Istrien ist erst seitdem es den Venetianern abgenommen und mit Oesterreich vereinigt wurde, zu einem eigentlichen Bewußtsein seiner selbst und zu den Elementen eines Volksthumes gelangt. Bis dahin war es eine Art Montenegro, eine Horde ohne Sicherheit der Person und des Eigenthumes, ein Menschenhaufe ohne alle staatliche und individuelle Bildung. Wenn es jetzt den Anblick einer blühenden Landschaft darbietet, wenn sich die Ueberreste des römischen Alterthumes nicht mehr ihrer Umgebungen zu schämen brauchen, so ist dies lediglich der civilisirenden Macht der österreichischen Herrschaft zu verdanken. Bald dürften auch mit der deutschen Flotte Oester-

*) Man vergleiche: „Geschichtliche Notizen über Istrien", im Feuilleton der „Triester Zeitung", 1858, Nr 209—215.

reichs, die jetzt ihren Hauptsitz und ihr Arsenal an der Süd-spitze Istriens, in Pola, aufgeschlagen, deutscher Gewerbefleiß, deutsches Bürgerthum und deutscher Wohlstand ihren Weg nach Istrien finden, und dann wird die in der Stadthalle von Pola prangende Inschrift zur Verherrlichung des italiänischen Patrioten Carrara noch weniger, als jetzt, von Bedeutung sein.

In diesem Augenblicke bereits regt es sich ziemlich deutsch in Pola. Es war eine Freude, als wir auf dem ersten österreichischen Linienschiffe, dem „Kaiser", der nächstens vom Stapel laufen sollte (was auch seitdem geschehen ist), überall deutsch reden hörten und die slavischen Arbeiter von deutscher Intelligenz geleitet sahen. Mit großer Bereitwilligkeit hatte man uns die Besichtigung dieses auf dem Werfte noch liegenden Admiral- und Linienschiffes (von 100 Kanonen) gestattet. An dieser Stelle wird sich demnächst der Riesenbau dreier bedeckter Werfte erheben, deren Kosten auf anderthalb Millionen Gulden veranschlagt sind und deren mächtige Eisen-Bestandtheile bereits in dem „Stabilimento tecnico" von Triest angefertigt werden, an dessen Spitze ein uns dort bekannt gewordener Deutscher, Herr Edmund Bauer aus Sachsen, steht.*) Das Gesammtbudget der Kriegsmarine beträgt jetzt fünf Millionen Gulden, während es vor dem Jahre 1848 die Summe von anderthalb Millionen nicht überstieg. Der gesammte Mannschaftsstand der österreichischen Kriegsmarine beträgt nahe an 8000 Mann, während sich die Zahl der Kriegsschiffe, mit Einschluß der im Bau begriffenen, sowie von 52 Kanonenbooten und neun Transportschiffen, auf 108 Fahrzeugen mit 910 Kanonen beläuft.

*) Herr Direktor Bauer ist auch Verfasser eines „Ausflug nach Griechenland", Reisenotizen vom Mai 1858 (Triest, Lloyd).

Der Hafen von Pola, in welchem eben auch noch zwei österreichische Fregatten und zwei Kriegskorvetten lagen, ist ganz zu einem großen Kriegshafen geschaffen. Er besteht aus einer förmlich abgeschlossenen, kreisrunden, großen Bucht, in welche nur ein leicht zu überwachender Eingang vom Meere hineinführt. Die beiden kleinen Forts, die bereits früher an dieser Einfahrt standen, sind jetzt in mächtige Montalembertsche Thürme verwandelt, zu denen noch andere Befestigungen und armirte Kasernen kommen, die den Hafen umgeben. Die Kriegswerfte und das Arsenal für dieselben befinden sich auf einer Insel in der Bucht, zu der und von welcher zurück unsere leichten Boote durch die kräftigen Arme kaiserlicher Marine-Mannschaften pfeilschnell gerudert wurden. Auf einer die Stadt und den Hafen beherrschenden freundlichen Anhöhe ist ein Marine-Krankenhaus erbaut, welches tausend Mann aufzunehmen vermag. Gastfreundlich empfingen uns überall, wo wir ihnen begegneten, die älteren und jüngeren, meistens deutschen, jedenfalls aber deutsch sprechenden Offiziere der Flotte, der wir Alle, wie wir hier aus Deutschland versammelt waren, ein glückliches Gedeihen und — wenn es dermaleinst gilt — auch ein fröhliches Zusammenwirken mit der jungen deutschen Flotte Preußens wünschten.

Der kaiserliche Regierungs-Kommissarius, Herr Marine-Präsident Dr. v. Gutmannsthal, gab uns noch Abends spät das Geleit, als wir, von einem heiteren Mahle im festlich geschmückten Garten des „Hôtel de la Ville“ und von einem unseren Damen zu Ehren im „Palazzo publico“ veranstalteten Balle zurückkehrend, unseren dampfenden „Jupiter“ wieder aufsuchten. Es war eine finstere Nacht, als wir hinüber ruderten, aber die Stückpforten der im Hafen liegenden Kriegsschiffe, sowie die des Linienschiffes „Kaiser“ auf dem

Werft, sandten helle Strahlen in's Meer hinaus, um den deutschen Freunden den W:g zu erleuchten. Ja, als wir vor der stolzen Ruine des römischen Amphitheaters vorüberfuhren, ward dasselbe plötzlich von bengalischem Feuer erhellt, was ihm in der dunkelen Umgebung ein um so eindrucksvolleres Ansehen gab. Ein Hurrah! das wir dem kaiserlichen Regierungs-Kommissarius ausbrachten, bezeugte unseren einstimmigen Dank für die gastliche, deutsche Aufnahme, die wir in dem Küstenlande Oesterreichs gefunden.

Ringsum hatten sich meine Freunde und Kollegen — da in den Kajüten unten nur die Damen Platz gefunden hatten — auf das Verdeck gelagert, um die Ueberfahrt nach der jenseitigen Küste des Adriatischen Meeres, nach Venedig, zu verschlafen und dann um so überraschter den Morgen im Hafen von San Marco zu begrüßen. Ich aber blieb auf einem Feldstuhl an der Gallerie des Vorderdeckes sitzen und schaute in das Meer hinaus. Der Mond war eben aufgegangen und beleuchtete den nahen Quarner-Golf, der nicht mehr, wie einst Dante von ihm gesagt: „l'Italia chiude e i suoi termini bagna", *) sondern die deutsche Küste Oesterreichs benetzt, deren Zukunft noch meine ganze Phantasie beschäftigte, als das Morgenroth die Thurmspitzen Venedigs beleuchtete und Alles auf dem Schiffe sich erhob, um das neue große Schauspiel mit Lust zu betrachten. Ich aber schließe diese flüchtigen Skizzen mit den schönen Versen eines deutschen Dichters: **)

Mein Auge ließ das hohe Meer zurücke,
Als aus der Fluth Palladio's Tempel stiegen
An deren Staffeln sich die Wellen schmiegen
Die uns getragen ohne Falsch und Tücke.

*) . . . „Italien abschließt und seine Gränzen bespült."

**) August, Graf von Platen.

Wir landen an, wir danken es dem Glücke,
Und die Lagune scheint zurück zu fliegen;
Der Dogen alte Säulengänge liegen
Vor uns gigantisch mit der Seufzerbrücke.

Venedigs Löwen, sonst Venedigs Wonne,
Mit ehrnen Flügeln sehen wir ihn ragen
Auf seiner kolossalischen Colonne.

Ich steig' an's Land, nicht ohne Furcht und Zagen,
Da glänzt der Markusplatz im Licht der Sonne:
Soll ich ihn wirklich zu betreten wagen?

Italien.

Laguéronnière. — Graf Balbo. — Fr. Kölle.

Unter den vielen Sophismen und Macchiavellismen, welche die Pariser Flugschrift: „Kaiser Napoleon III. und Italien“, enthält, ist keiner so eklatant unwahr, wie der, daß Oesterreich darum gegen die Einführung von Reformen im Kirchenstaat und in Neapel sei, weil es im eigenen lombardisch-venetianischen Königreiche keine Reformen wolle. „Da Oesterreich“, so heißt es wörtlich in der gedachten Schrift, „keine Reformen in seinen italiänischen Provinzen vornehmen kann, so darf es auch in anderen Theilen Italiens keine aufkommen lassen. ... Von Oesterreich die Anwendung eines milderen und liberaleren Regiments für die Lombardei verlangen, hieße ihm einen Selbstmord vorschlagen. Es ist klar, daß Oesterreich seine Herrschaft in Ober-Italien nur durch die Gewalt behaupten kann; eine jede Freiheit, die es dem eroberten Lande gäbe, wäre eine Waffe, deren sich letzteres zu seiner Befreiung bedienen würde.“

Dergleichen unrichtige Behauptungen im Munde eines Engländers würde man, bei den stolzen Forderungen, welche die Briten im Bewußtsein der eigenen Freiheit an das politische Leben anderer, von ihnen oft falsch beurtheilter Nationen zu machen pflegen, vielleicht entschuldigen können.

Wenn jedoch ein Franzose im Jahre 1859 — ein Franzose, dem unmöglich unbekannt sein kann, was jedes französische Kind weiß, daß in seinem Vaterlande die Gewalt und nicht die Freiheit herrsche — Oesterreichs Herrschaft in der Lombardei spöttisch als eine Herrschaft der Gewalt im Gegensatze zu der der Freiheit bezeichnet, so ist das eine Unverschämtheit, wie man sie eben nur an der Seine haben kann.

Wir — der Schreiber dieser Zeilen und einige seiner Freunde, keine Oesterreicher, sondern Preußen — die wir kürzlich nach einander Paris, Mailand und Venedig besuchten, wir können dem Verfasser von „L'Empereur Napoléon III. et l'Italie", der wahrscheinlich seit längerer Zeit die beiden Hauptstädte des österreichischen Italien nicht gesehen hat, die Versicherung ertheilen, daß man in Mailand und Venedig weit freier athmet und weit ungenirter sich bewegt, als an der Seine.

Da ist erstlich keine Paß- und Fremden-Polizei, die den Reisenden belästigt; Niemand hat uns in Mailand, Venedig, Verona und anderen Orten, wo wir uns aufhielten, nach unseren Reise-Legitimationen gefragt, während wir in Frankreich sowohl an der Gränze, als in der Hauptstadt, nachdem wir uns für schweres Geld ein französisches Gesandtschafts-Visa verschafft hatten, gleichwohl auf die unerträglichste Weise aufgehalten und inquirirt worden waren. Da ist ferner sowohl in Mailand als in Venedig eine ganze Schaar von politischen und literarischen Zeitungen, denen man nichts weniger als kaiserliche Censur oder Gensdarmen ansieht, was man bekanntlich von den in Paris erscheinenden Blättern seit dem berühmten 2. Dezember nicht sagen kann.

Allerdings hatten, als wir im Herbste des Jahres 1858 in Ober-Italien waren, noch keine Turiner Emissaire die leicht erregbare studirende Jugend von Padua und Pavia zu verführen gesucht, und darum dürfte wohl auch die öffentliche Meinungs-Aeußerung damals im österreichischen Italien freier gewesen sein, als sie jetzt vielleicht ist. Wir sahen unter Anderem selbst, wie in einem an einem öffentlichen Platze gelegenen Café, nicht weit von dem Palaste der Brera, einige um einen runden Tisch sitzende Italiäner, denen ein junger Mann einen Artikel der Augsburger „Allgemeinen Zeitung" aus dem Stegreif in's Italiänische übersetzt und vorgelesen hatte, dieses Blatt anzündeten und unter Evviva-Geschrei verbrannten. In Paris hätte eine solche öffentliche Demonstration gewiß eine schwere, polizeiliche Untersuchung zur Folge gehabt; in Mailand sagte uns ein österreichischer Offizier, mit dem wir zufällig einige Stunden nachher über den Vorgang sprachen: „Nun, wenn die Signori Italianissimi weiter nichts thun — das Vergnügen können wir ihnen schon lassen — eine Nummer der „Allgemeinen Zeitung" ist bald wieder von Augsburg ersetzt."

Ja, wir wiederholen, was wir bereits in diesen Blättern bei Gelegenheit der Schilderung unserer Reise auf der deutsch-adriatischen Eisenbahn nach Italien gesagt, Oesterreich unterdrückt die Italiäner nicht; es begünstigt sie vielmehr, was Munizipal-, Gewerbe- und andere Freiheiten betrifft, im Vergleiche mit seinen deutschen, slavischen, magyarischen und rumänischen Angehörigen; so daß es selbst an der deutschen Seite des Adriatischen Meeres in bürgerlicher Beziehung vortheilhaft ist, sich als Italiäner behandeln zu lassen.

Die Reformen in der Civil- und Gerichtsverwaltung, welche im Kirchenstaat, in Neapel, in Modena wünschenswerth und zur eigenen Sicherheit dieser Staaten nothwendig sind, braucht Oesterreich nicht zn fürchten; denn im lombardisch-venetianischen Königreiche, wo größtentheils noch die Rechtsformen der früheren französischen Herrschaft in Kraft, wo alle Religionsbekenntnisse, alle Stände vor dem Gesetze gleich, wo die Heerstraßen sicher, Handel nnd Verkehr blühend sind, weiß man, wieviel den anderen italiänischen Staaten, mit Ausnahme Piemonts, noch fehlt, um zu den besseren Zuständen der Lombardei zu gelangen. Warum sollte also Oesterreich diese Reformen ihnen nicht gönnen und warum sie nicht herbeiführen helfen? Ja, warum sollte Oesterreich überhaupt nicht auch die Hand dazu bieten, unter den Staaten Italiens ein ähnliches Bundesverhältniß, wie in Deutschland, herzustellen? Vermöge der geographischen Lage, sowie des Umfanges und der Bevölkerung seiner italiänischen Provinzen, vermöge der moralischen Ueberlegenheit, welche die Lombardei und Venedig durch ihren Reichthum, durch ihre Intelligenz und durch ihre geordnete Verwaltung über die meisten anderen Staaten Italiens besitzen, scheint ihnen die Hegemonie auf der apenninischen Halbinsel unentziehbar, besonders so lange sie unter dem Scepter deutscher Fürsten sich befinden, deren mildes und wohlwollendes Regiment, im Vergleiche mit der von der Zeit Philipp's II. bis zu der des Utrechter Friedens in Mailand herrschend gewesenen spanischen Inquisitions-Regierung, sowie mit der bourbonischen Herrschaft in Neapel, von Allen, welche die Geschichte Italiens nicht erst aus französischen Flugschriften lernen, stets anerkannt worden ist.

Daß die deutsche Herrschaft in Italien nicht immer die schlechtere war, mußte selbst der piemontesische Graf Balbo, Verfasser des auch von dem französischen Publizisten citirten historischen Werkes: „Delle Speranze d'Italia“, zugeben. „In der Geschichte, wie in der Wirklichkeit“, sagt er in diesem

Buche, „giebt es keinen herberen Schmerz, als den, die Fremdherrschaft mehr loben zu müssen, als die einheimische. Doch der Wahrheit die Ehre. Ja, aus der Wahrheit allein entspringen gute Lehren, und für uns ist eine dieser Lehren, daß eine fremde Regierung, mag sie an sich auch noch so gut sein, im Endresultat für die Nation verderblicher wirkt, als eine noch so schlechte nationale." Dieser letzte Ausspruch, durch welchen die Wirkung des vorhergehenden Zugeständnisses geschwächt werden soll, ist jedoch in seiner Anwendung auf die österreichische Regierung in Italien ein bloßes Parteiwort im Interesse des Hauses Savoyen-Piemont. Verderblich auf eine Nation und ihren Charakter wirkt das Ausland nur dann, wenn es durch unmoralischen Einfluß überwiegt. Graf Balbo giebt aber, wie alle nationalen Geschichtschreiber Italiens, andererseits zu, daß der Zustand der apenninischen Halbinsel, als Oesterreich nach Beendigung des spanischen Erbfolgekrieges die Herrschaft über die Lombardei antrat, ein überaus verderbter und unsittlicher war, auf welchen Deutschland mit seiner größeren Sittlichkeit und seinen humaneren Fürsten damals, wie seitdem fortdauernd, nur günstig hätte einwirken müssen, wenn das seit Jahrhunderten in politischen und sozialen Lastern versunkene Italien für eine solche moralische Einwirkung empfänglich gewesen wäre.

Lassen wir indessen diesen Einfluß der deutschen Kulturbewegung auf die italiänische, die nun einmal anderen Bahnen folgt und sich der ersteren bewußt und unbewußt zu entziehen sucht. Mögen sich doch die italiänischen Staaten ebenso zu einander schaaren, wie es die deutschen gethan, die ja unter ihren Bundesfürsten ebenfalls auswärtige, der eigenen Nationalität nicht angehörende Souveraine besitzen. Fast gleichzeitig mit dem Grafen Balbo, der seine „Speranze" im Jahre 1845 veröffentlichte, hat ein deutscher, mit Italien sehr vertrauter und ihm nichts weniger als abgeneigter Diplomat, der verstorbene Fr. Kölle, in seinem Buch über Italiens Zukunft, *) die Conföderation der italiänischen Staaten als das einzige praktische Mittel bezeichnet, die unsittlichen Bestrebungen der italiänischen Revolutionaire zu vereiteln und den billigen Forderungen der Nationalitäts-Partei zu entsprechen. „Deutschland und Italien", sagt er, „sind seit sechshundert Jahren demselben tragischen Schicksale verfallen gewesen. Das herrliche Geschlecht der Hohenstaufen hat mit seinem Untergange auch die Einheit und Einigkeit beider Nationen mit sich ins Grab gerissen. Beide Völker haben sich abwechselnd vielfach geschadet, vielfach genützt, sie haben sich daher einander nichts vorzuwerfen, und obgleich die Sachlage vielfach verschieden ist, so giebt Deutschland dennoch jetzt manche Anknüpfungspunkte, wenn man von den seitherigen Bewegungen auf eine Gestaltung in der Zukunft mit einiger Sicherheit schließen soll. Vor Allem also ein italiänischer Zollverein („lega doganale", wie sie in der That bald darauf theilweise zu Stande kam) . . . Gemeinschaftlichkeit der überall in Italien bestehenden Monopole des Salzes, Tabacks, Schießpulvers 2c., Gemeinschaftlichkeit der bisher so mangelhaft eingerichteten Posten, der Gesetzgebung über Handel, Patente, literarisches Eigenthum, Beschränkung des lästigen Paßwesens auf das unumgänglich Nothwendige, wechselseitige Inspizirung der Bundestruppen und harmonische Organisation derselben, ein mit

*) „Italiens Zukunft. Beiträge zur Berechnung der Erfolge der gegenwärtigen Bewegung". Von Fr. Kölle. Stuttgart und Tübingen, Cotta.

gehöriger Machtvollkommenheit ausgerüstetes Bundesschiedsgericht — das darf, das wird das italiänische Volk von seinen Regierungen verlangen und das wird es erlangen, wenn es fortfährt, sich mit dem feinen Takt zu betragen, den es in der letzten Zeit gezeigt. . . .“ Leider brachen jedoch bald darauf die unglücklichen, revolutionairen Bewegungen des Jahres 1848 aus, die in Italien alle diese Hoffnungen vernichteten!

Kölle meinte damals zwar, daß das lombardisch-venetianische Königreich einstweilen noch außerhalb des italiänischen Staatenbundes bleiben könne; bei einer monarchischen Organisation desselben, wie in Deutschland, und unter dem Vorsitze des Kaisers von Oesterreich, als Königs der lombardo-venetianischen Provinzen, ist jedoch nicht abzusehen, warum sich dieser schönste, fruchtbarste und reichste Theil Italiens der politischen Regeneration desselben entziehen soll. Oesterreichs Macht wird dadurch nichts an Stärke verlieren, kann aber an moralischem Einfluß sehr viel dabei gewinnen.

Beilage.

Verzeichniß der Abgeordneten

zur General-Versammlung des Vereins Deutscher Eisenbahn-Verwaltungen in

Triest.

---

1. Königl. Preuß. Direction der Aachen-Düsseldorf-Ruhrorter Eisenbahn

   Freiherr v. **Düring**, Regierungsrath, Vorsitzender.

2. Direction der Aachen-Mastrichter Eisenbahn-Gesellschaft

   Lamberts, Vorsitzender.
   Sandberg, Director.

3. Directorium der Alberts-Bahn (Dresden-Tharandt)

   Otto, Rechtsanwalt.

4. Direction der Altona-Kieler Eisenbahn-Gesellschaft

   Semper, Vorsitzender.
   Dietz, ausführender Director.

5. Direction der K. K. priv. Außig-Teplitzer Eisenbahn-Gesellschaft

   Diettrich, administrativer Director.

6. Direction der Großherzogl. Badischen Verkehrs-Anstalten

Zimmer, Director.
Sexauer, Baurath.

7. General-Direction der Königl. Bayerischen Verkehrs-Anstalten

Freiherr v. **Brück**, General-Director.
Nobiling, General-Directionsrath.

8. Verwaltungsrath der K. priv. Bayerischen Ostbahnen

v. Kramer-Klett, Verwaltungsrath.
Engel, Regierungsrath.

9. Königl. Preuß. Eisenbahn-Direction zu Elberfeld, für die Bergisch-Märkische und Prinz Wilhelm Eisenbahn

Plange, Eisenb. Bau-Inspector.

10. Direction der Berlin-Anhaltischen Eisenbahn-Gesellschaft

Fournier, Vorsitzender.
Conrad, Geh. Commerzienrath.
Nörner, Staatsanwalt.
Henoch, Director.
v. Tempelhoff, Syndicus und Justizrath.
Güterbock, Commerzienrath.
Wolff, Banquier.

11. Direction der Berlin-Hamburger Eisenbahn-Gesellschaft

Neuhaus, Baurath.
Abendroth, Ausschußmitglied.

12. Directorium der Berlin-Potsdam-Magdeburger Eisenbahn-Gesellschaft

Sethe, Vorsitzender.
Krönig, Regierungsrath.
Hausmann, Stadtrath.

Lehmann, Stadtgerichtsrath.
Reimer, Buchhändler.
Augustin, Oberlandesgerichtsrath.

13. Directorium der Berlin=Stettiner Eisenbahn=Gesellschaft

Metzenthin, Stadtältester.
Dr. Rhades, Regierungs= und Medicinalrath.
Zenke, Spezial=Director.

14. Herzogl. Braunschweig=Lüneburgsche Eisenbahn= und Postdirection

v. Amsberg, Finanz=Director und Geh. Legationsrath.
Kuntzen, Finanzrath.
Mahner, Kammerrath.

15. Directorium der Breslau=Schweidnitz=Freiburger Eisenbahn=Gesellschaft

Ruthardt, Buchhändler, Vorsitzender.
Voigt, Director.
Simmichen, Kaufmann.

16. Directorium der K. K. Brünn=Rossitzer Eisenbahn

v. Herring, Vorsitzender.
Offermann, Betriebs=Director.

17. Direction der K. K. priv. Buschtêhrader Eisenbahn

Fritsch, K. K. Bergrath u. Directions=Präses.
Kreß, Betriebs=Director.

18. Herzogl. Betriebsverwaltung der Cöthen=Bernburger Eisenbahn

Schneider, Betriebs=Director.

19. Verwaltungsrath der Frankfurt=Hanauer Eisenbahn=Gesellschaft

Varrentrapp, Präsident.
Königswarter, Mitglied.
Zobel, Director.

20. Verwaltungsrath der Galizischen Carl Ludwig-Bahn

Dr. Herz, K. K. Rath, Generalsecretär.
Röb, General-Inspector.

21. Direction der Glückstadt-Elmshorner Eisenbahn-Gesellschaft

Jessen, Wege-Inspector.

22. Verwaltungsrath der K. K. priv. Graz-Köflacher Eisenbahn- und Bergbau-Gesellschaft

Pfliger, General-Secretär.

23. Direction der Hamburg-Bergedorfer Eisenbahn-Gesellschaft

Kopal, Director.
Heerlein, Director.

24. Königl. Hannoversche General-Direction der Eisenbahnen und Telegraphen

Dr. Hartmann, General-Director.
Domeyer, Regierungsrath.

25. Verwaltungsrath der Hessischen Ludwigs-Eisenb.-Ges.

Dr. Parcus, Verwaltungsrath.
Kempf, Director.

26. Direction der Kaiser Ferdinands Nordbahn

Stummer, K. K. Professor, Directionspräses.
Ritter **v. Pleuker**, K. K. Ministerialrath, Director.
Dr. Zelinka, Director.
Fellmann, General-Secretär-Stellvertreter.
Rosner, Betriebs-Consulent.

27. Verwaltungsrath der K. K. priv. Kaiser Franz Josef Orient-Bahn

Graf **Edm. Zichy**, Vicepräsident des Verwaltungsrathes.
Baron **Cordon**, Feldmarschall-Lieutenant.
v. Etzel, Director.

28. Verwaltungsrath der K. K. priv. Kaiserin Elisabeth-Bahn

Graf Gallenberg, Mitglied des Verwaltungsrathes.
Schönerer, Mitglied des Verwaltungsrathes.

29. Direction der Köln-Mindener Eisenbahn-Gesellschaft

v. Wittgenstein, Präsident der Direction.
Heuser, Director
Kühlwetter, Special-Director.
Baron **v. Minckwitz**, Baurath und Bahn-Director.

30. Direction der Kurfürst Friedrich Wilhelms Nordbahn

Schwarzenberg, Oberbergrath.
Freiherr **Waitz v. Eschen.**
Dircks, Landsyndicus.

31. Directorium der Leipzig-Dresdener Eisenbahn-Compagnie

Einert, Director.
Fleischer, Stadtrath.
Busse, Betriebs-Director.
Halberstadt, Handlungs-Deputirter.

32. Verwaltungsrath der Lombardisch-Venetianischen und Central-Italiänischen Eisenbahn-Gesellschaft

Ritter **v. Burg**, K. K. Regierungsrath.
Graf **Moncenigo**, Mitglied des Verwaltungsrathes.
Dr. Bingler, Generalsecretär.

33. Direction der K. priv. Ludwigs-Eisenbahn Gesellschaft (Nürnberg-Fürth)

Mainberger, Buchhändler, Director.
Barthel, Magistratsrath.
Schneider, Kaufmann.

34. Direction der Lübeck-Büchener Eisenbahn-Gesellschaft

Benda, Baudirector.

35. Direction der Magdeburg-Cöthen-Halle-Leipziger Eisenbahn-Gesellschaft

Defoy, Vorsitzender.
Garcke, Regierungs- und Baurath.

36. Directorium der Magdeburg-Halberstädter Eisenbahn-Gesellschaft

Behrens, Bürgermeister, Director.
Aue, Director.
Dr. Schmid, Director.
Dommerich, Director.
v. Unger, Director.

37. Directorium der Magdeburg-Wittenbergeschen Eisenbahn-Gesellschaft

Maquet, Director.

38. Direction der Main-Neckar-Eisenbahn

Lichthammer, Baurath und Vorsitzender.
Dr. Müller, Directorialrath.

39. Central-Direction der Main-Weser-Bahn

v. Schwerfeld, Oberfinanzrath.
Laubenheimer, Baurath.
Eyssen, Ober-Ingenieur.

40. Direction der Mecklenburgischen Eisenb.-Gesellschaft

Meyenn, Vorsitzender der Direction.
Erdmann, Senator, Director.
Dr. Bolten, Syndicus.

41. Directorium der Neisse-Brieger Eisenbahn-Gesellschaft

Heimann, Commerzienrath.
Ertel, Banquier.

42. Königl. Preuß. Direction der Niederschlesisch-Märkischen Eisenbahn

Costenoble, Geh. Regierungsrath.

43. Direction der Niederschlesischen Zweigbahn-Gesellschaft

Joseph Lehmann, vorsitzender Director.
Bail, Betriebs-Director.

44. Königl. Preuß. Direction der Oberschlesischen Eisenbahn

Maybach, Königl. Eisenbahn-Director.

45. K. K. Oesterreichisches Ministerium für Handel, Gewerbe und öffentliche Bauten

Negrelli v. Moldelbe, K. K. Ministerialrath und General-Inspector.
Tischer, K. K. Sectionsrath.

46. Verwaltungsrath der K. K. priv. Oesterreichischen Staats-Eisenbahn-Gesellschaft

Graf **Pergen,** Verwaltungsrath.
Engerth, K. K. Rath und Central-Director.

47. Direction der Oppeln-Tarnowitzer Eisenbahn

Ruffer, Geh. Kommerzienrath.
Müller, Kaufmann.
Grapow, Ober-Ingenieur und Betriebs-Director.

48. Königl. Preuß. Direction der Ostbahn.

Offermann, Königl. Eisenbahn-Director.

49. Direction der Pfälzischen Eisenbahnen.

Mahla, Präsident des Verwaltungsrathes.
Manz, Finanz- und Verwaltungsrath.
Dr. Jäger, Verwaltungsrath.
Jäger, Director.

50. Direction der Rheinischen Eisenbahn-Gesellschaft

Mevissen, Commerzienrath, Präsident.
Baron **v. Geyr,** Vicepräsident.
Leiden, Commerzienrath.
Dr. Quadflieg, Director.

Cassalette, Director.
Kropp, Director.
Rennen, Landrath, Special-Director.
Hauchecorne, General-Agent.

51. Verwaltungsrath der Nassauischen Rhein- und Lahn-Eisenbahn-Gesellschaft

Dognée de Villers, Mitglied des Verwaltungsrathes.

52. Königl. Preuß. Direction der Rhein-Nahe-Eisenbahn

Dittmer, Landrath, Vorsitzender.

53. Königl. Preuß. Direction der Saarbrücker Eisenbahn

Wernich, Geh. Regierungsrath, Vorsitzender.

54. Königl. Sächsisches Finanz-Ministerium, Abtheil. für öffentliche Arbeiten und Verkehrsmittel

Schill, Geh. Finanzrath.
Netke, Eisenbahn-Director.

55. Verwaltungsrath der K. K. priv. Süd-Norddeutschen Verbindungsbahn (Reichenberg-Pardubitz)

Dr. Jacques, Verwaltungsrath.
Schebeck, General-Inspector.
Dr. Groß, General-Secretär.

56. Verwaltungsrath der Taunus-Eisenbahn-Gesellschaft.

Korn, Präsident des Verwaltungsrathes.
Töpfer, Hofrath.

57. Verwaltungsrath der K. K. priv. Theiß-Eisenbahn-Gesellschaft

Schey, Großherzogl. Hessischer Generalconsul.
Schimcke, K. K. Rath.

58. Direction der Thüringischen Eisenbahn-Gesellschaft

Hase, Stadtdirector.
Eichel, Directions-Mitglied.
Schmeisser, Justizrath, Gesellschafts-Syndicus.

59. Königl. Preuß. Direction der Westfälischen Eisenbahn

Henz, Geh. Regierungsrath, Vorsitzender.

60. Königl. Preuß. Direction der Wilhelms-Bahn

Eggert, Königl. Eisenhahn-Director.

61. Königl. Württembergische Centralbehörde für die Verkehrs-Anstalten

v. Klein, Oberbaurath.
Dillenius, Finanzrath.

Außerdem waren auf geschehene Einladung erschienen:

Seitens:

1. des Verwaltungsrathes der K. K. priv. Dampfschifffahrts-Gesellschaft des Oesterreichischen Lloyd

v. Wittmann, K. K. Gubernialrath und Director.
Baron **Lutteroth,** Director.
Schröder, Director.

2. des Verwaltungsrathes der Französischen Nordbahn

Delebecque, Vicepräsident der Direction.
Petiet, Oberingenieur und Betriebs-Director.

3. des Verwaltungsrathes der Vereinigten Schweizer-Bahnen

Wirth-Sand, Präsident des Verwaltungsrathes.
Simon, Director.

Inhaltsverzeichniß.

Leipzig, Druck von Giesecke & Devrient.

FSC
www.fsc.org
MIX
Papier | Fördert gute Waldnutzung
FSC® C083411

Kolibri 360 GmbH
Ferdinand-Jühlke-Straße 7
99095 Erfurt, Deutschland
produktsicherheit@kolibri360.de